U0932950

世界高端文化珍藏图鉴大系

泥中泥

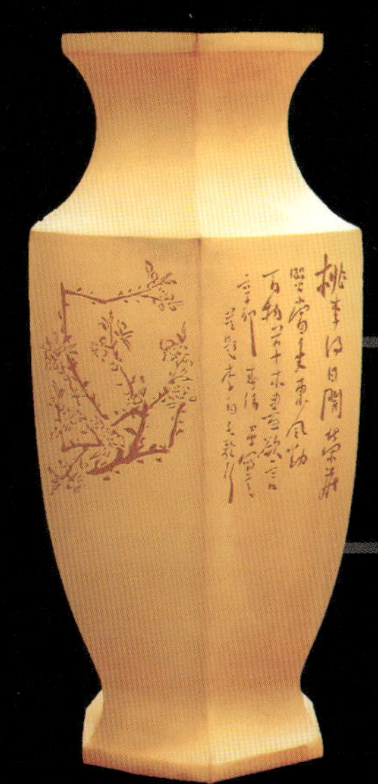

紫砂

收藏与鉴赏

REDWARE

冷雪峰 / 编著

新世界出版社

图书在版编目（CIP）数据

泥中泥：紫砂收藏与鉴赏 / 冷雪峰编著. -- 北京：新世界出版社，2013.11

ISBN 978-7-5104-4684-9

Ⅰ. ①泥… Ⅱ. ①冷… Ⅲ. ①紫砂陶—收藏—中国②紫砂陶—鉴赏—中国 Ⅳ. ① G894 ② K876.3

中国版本图书馆 CIP 数据核字 (2013) 第 257118 号

泥中泥：紫砂收藏与鉴赏

作　　者：冷雪峰
责任编辑：张建平　李晨曦
责任印制：李一鸣　黄厚清
出版发行：新世界出版社
社　　址：北京西城区百万庄大街 24 号（100037）
发 行 部：（010）6899 5968　（010）6899 8733（传真）
总 编 室：（010）6899 5424　（010）6832 6679（传真）
http：//www.nwp.cn
http：//www.newworld-press.com
版 权 部：+8610 6899 6306
版权部电子信箱：frank@nwp.com.cn
印　　刷：北京市松源印刷有限公司
经　　销：新华书店
开　　本：710×1000　1/16
字　　数：200 千字
印　　张：16
版　　次：2014 年 1 月第 1 版　2016 年 8 月第 2 次印刷
书　　号：ISBN 978-7-5104-4684-9
定　　价：78.00 元

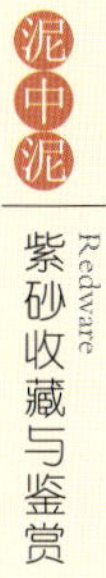

前言

谈到紫砂，相信朋友们心中首先会想到紫砂壶，即使对于茶艺一窍不通的人，跟他们说起紫砂壶，相信也都能会心一笑，明白是怎样的一种器皿。但确切地来说，紫砂壶并不是紫砂制品的全部种类，紫砂器包括很多类型的器物，茶壶只是其中一种，除了茶壶以外，酒具、餐具和文具以及雕刻的工艺品，甚至是花盆，都有紫砂器的身影。

紫砂不是一种简单的陶器，因为紫砂器本身结构致密，硬度高，非常接近瓷器，而且紫砂本身颗粒少，又没有瓷器的半透明属性，因此被称为“炻器”。在外观上，紫砂不同于瓷器的光亮，也不同于陶器的晦暗，既有一种朴素的光泽，同时又不过于耀眼。

紫砂器是一类名贵的器皿，名家制作的紫砂器，都是收藏爱好者争相收藏的目标，在古代，紫砂器甚至有“价埒黄金”的说法。因为紫砂器优良的陶瓷属性，以及历代文人墨客对紫砂器的推崇，最终造就了紫砂器收藏的火爆。

越是珍贵的东西，假冒伪劣的产品就会越多。紫砂市场上的形势更是说明了这一点，尤其是古旧的紫砂器收藏，更是各种伪造赝品在鱼目混珠。刚刚涉足紫砂收藏市场的朋友更容易遭遇各种方面的困惑。本书可以为那些处在迷茫之中的朋友提供一些收藏和鉴赏方面的指导。

目录 CONTENTS

详解 紫砂器的前世今生

泥料 紫砂的原料之谜

CONTENTS

历 程 紫砂壶的发展历史

创 造 紫砂壶的制作流程

鉴　赏　紫砂壶的艺术之美

收　藏　紫砂壶的购买和保养

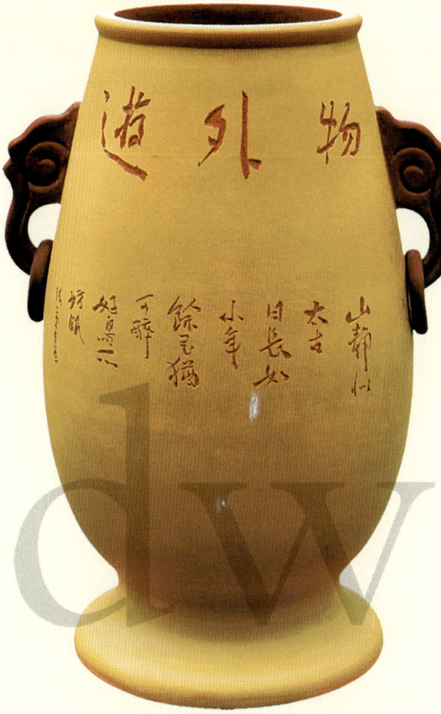

紫砂器的前世今生

在我们国家传统的手工业当中，陶瓷工艺是非常著名的。除了我们平时常见的各类瓷器外，还有一些特别的瓷器，在这些陶瓷制品当中，被人们关注最多的就包括紫砂器。普通的工艺品收藏者对于紫砂器的认识，可能仅限于“陶瓷类制品”方面，对紫砂器的工艺美学特点、市场状况和价值特点都很可能认识不足。本章将对紫砂器进行详尽的解析。

紫砂器的基本介绍

紫砂器既不是陶器，也不是瓷器。但是紫砂器拥有瓷器的坚硬致密，同时又不失陶器的内敛含蓄。刚涉足紫砂器收藏的朋友对紫砂器本身的认识可能仅限于一些图片和影视资料，在没有真正看见过紫砂器的情况下，对于真假紫砂器的分辨是不大清楚的。

对于紫砂壶的起源问题，从明代便开始研究，在多数情况下紫砂壶被认为是金沙寺僧“发明”的。周高起《阳羡茗壶系》中就记录道：“金

半瓢壶

规格：350cc

材质：紫砂泥

规格：450cc

材质：紫砂泥

紫砂史话

对于紫砂的起源问题，一直存在着不小的争议，一般说来，紫砂器有明确的记载和实物发现始于明朝，可是根据最近的考古发现，有一种说法是宋朝时期就已经开始了紫砂器的烧制。不过有一点是可以确认的，那就是紫砂器的繁荣以及人们对它的推崇开始于明朝，到了明清年间，紫砂器已经成了一种名贵的收藏品。

沙寺僧，久而逸其名矣，闻之陶家云，僧闲静有致，习与陶缸瓮者处，抟其细土，加以澄练，捏筑为胎，规而圆之，刳使中空，踵傅口柄盖的，附陶穴烧成，人遂传用。”虽然金沙寺僧烧制的紫砂壶并无流传至今的，可是金沙寺僧还是被后人尊为紫砂工艺的始祖。

紫砂的制作工艺要求非常之高，制作紫砂器需要的泥料是一种江苏宜兴出产的具有特殊团粒结构而且带有双重气孔的紫砂泥料，采用的制作工具超过一百种，手工的制作工艺包括打泥片、拍打身筒（圆器）、镶接身筒（方器）或镶接与雕塑结合（花器）、表面修光、陶刻装饰等步骤，历经如此多的工序才能最终得到成品。

宜兴的紫砂壶本身就具有很高的艺术价值，当然，紫砂壶还有无可比拟的实用属性。紫砂壶的表里均不施釉，因此拥有良好的透气性能，用紫砂器冲泡的茶汤，醇芳隽永，不但茶汤的味道不变，而且颜色也不会改变，既能很好地保持茶的味道，还能当作一件工艺品进行赏玩，因此紫砂壶具有“世间茶具称为首”的称号。这种器物集艺术和实用性于一身，既有艺术的特点，又有丰富的文化内涵，正是这些属性让宜兴紫砂走出国门并享誉世界。上世纪 30 年代，宜兴紫砂在比利时世界博览会上就获得了大奖。现在宜兴紫砂的制作人才更是济济一堂，名家辈出，成绩卓著。

紫砂茶具当中最著名的当属紫砂茶壶。紫砂茶壶最广为人知的特点就是使用紫砂壶泡茶，不会失去茶的原味。这是因为紫砂陶壶的气孔较大，在吸水良好的同时，透气性也很不错，因此保证了茶汤的保存时间，推迟了茶叶变质发馊的时间。

宜兴的紫砂泥类型非常丰富，在多数情况下，我们可以按照紫砂茶

双环壶

规格：500cc

材质：紫砂泥

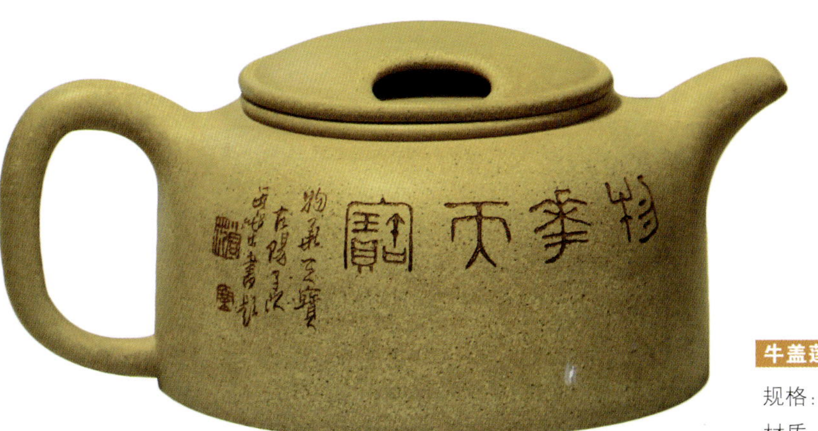

牛盖莲子

规格：550cc

材质：本山绿泥

六水铜铃

规格：500cc

材质：老紫泥

具的颜色进行区分。紫砂茶具都是五彩缤纷的，天然的紫砂泥包括红泥（又称朱砂泥）、紫泥、本山绿泥（呈米黄色）、天青泥（非常少见，出矿的时候便呈现为绿色，属于珍稀罕见的类型）和调砂泥。

紫砂壶的颜色种类也是多样的。虽然说是“紫砂壶”，但是紫砂壶不一定只有紫色，紫砂器经历了高温的焙烧，最后出来的颜色往往是各种各样、非常美丽的，比方说有朱砂红、枣红、紫铜、海棠红、铁灰铅、葵黄、墨绿、青兰等。紫砂壶虽然并不挂釉，可是比上釉的效果还要好，因为紫砂壶的色泽非常漂亮，而且丰富多样。一般情况下，朱砂紫、榴皮、豆青、海棠红、闪色都属于自然原色，这类紫砂茶器都是非常质朴浑厚，古典漂亮的。经过烧制完成的紫砂壶在保温性和透气性方面非常出色，

烟斗

规格：118CC

材质：紫砂泥

属于理想的茶具。

宜兴紫砂泥制作的代表产品是茗壶，详细说来，制作的流派又有光器（包括圆器和方器）、筋纹器和花器等。紫砂器物总是以纯天然的质地和肌理为美。至于紫砂茗壶的造型，那就更是千姿百态了，有风格朴实的传统造型，也有奇巧的怪异造型，总结一下基本可以分为以下几类：几何型、自然型（花素器）、筋纹器及水平壶等，在紫砂茗壶的发展历程中，其造型也经历了一些演变，每个时期所偏重的主流造型都是不同的，艺术风尚更是具有鲜明的时代特色。

紫砂器的发展历程

紫砂器是紫砂制品的一个总称，在平时的生活中，被提及的次数最多的内容里，一定有“紫砂壶”的名字。久而久之，人们一提到紫砂器，就会条件反射地想到紫砂壶，其实这种想法是片面的，

吴经提梁

规格：500cc

材质：青灰泥

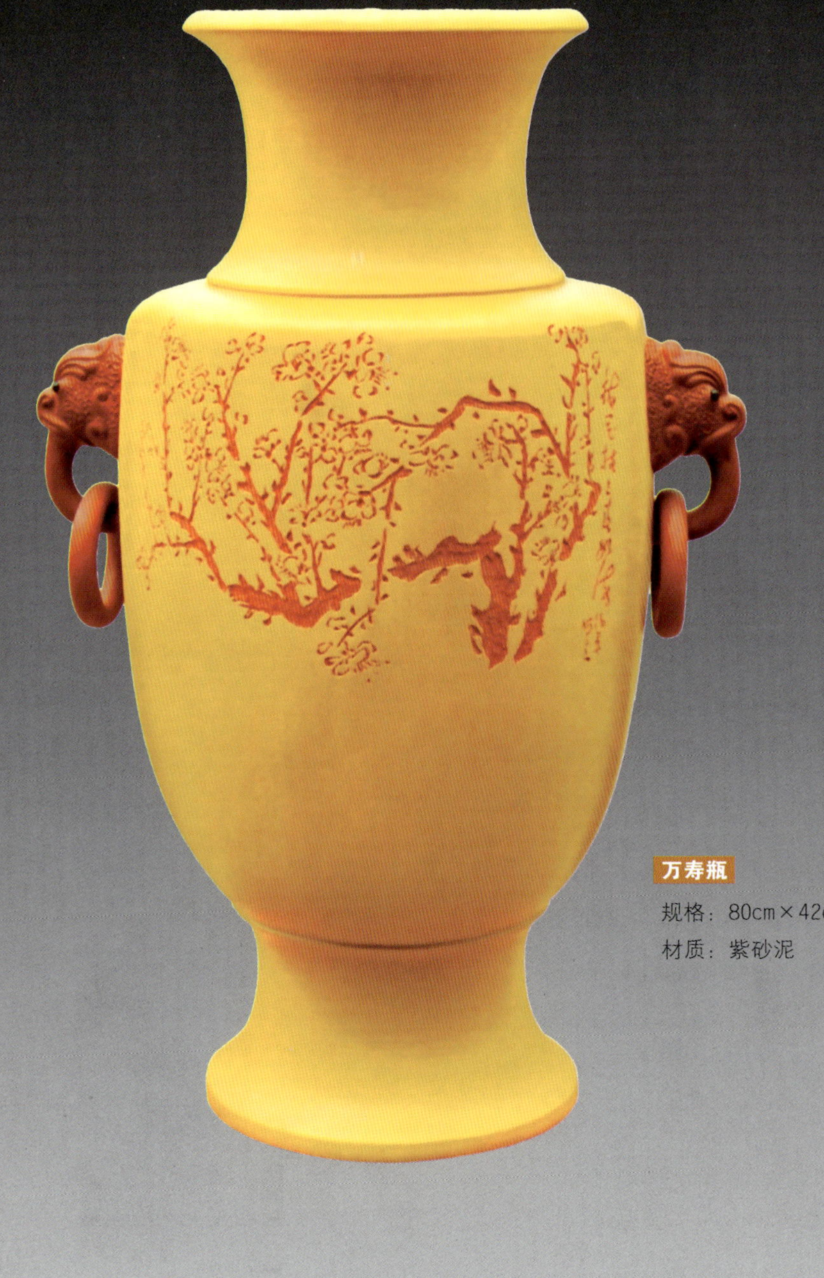

万寿瓶

规格：80cm×42cm

材质：紫砂泥

紫砂器包括多种类型的工艺品，下面的章节中，就对紫砂器的主要种类进行了详细介绍。

宜兴紫砂壶初步创造于北宋，在明清时期达到繁盛，其辉煌更是持续到了今天，且饮誉海内外。对于用紫砂壶饮茶的古代文献记录，最早发现于宋朝诗人的诗句："喜共紫瓯吟且酌，羡君潇洒有余清"（欧阳修《和梅公仪尝茶诗》）"小石冷泉留早味，紫泥新品泛春华"（梅尧臣）"松风竹炉，提壶相呼"（苏东坡）。

1976 年，宜兴地区的羊角山古窑址曾经发现了许多北宋中期的紫砂器残片，从残片中可以初步判定器形类型主要包括罐和壶两种，其中壶占大多数。壶的形制方面则包括高颈壶、矮颈壶、提梁壶三大类，这些壶的胎体通常为紫红色，里外都不挂釉，在泥质方面比较粗糙，通过造型和工艺手法进行判断后可知，这是现代紫砂壶的雏形。因此紫砂壶起始于北宋的猜想得到了考古证实。

时间推移到元代，这一时期的紫砂壶烧造工艺得到了进一步发展，这一时期的艺术特征是在壶体上篆刻铭文。也是因为这个举措，把紫砂壶从日用陶器中分离开来，和普通的陶器工艺品形成了很大差别，这一时期的紫砂壶开始走上了艺术化的发展道路。

紫砂史话

明朝时期，最著名的紫砂壶无疑就是"供春壶"了。根据《宜兴县志》中的记录，在明朝正德年间，宜兴有一位技艺卓越的匠师供春。供春本来是书僮，有一段时间跟随主人吴颐山在金沙寺读书，偷学老僧的制壶技艺，从而学会制壶，供春做出来的壶古朴风雅，极具造型之美，因此得名"供春壶"。供春壶虽然名满天下，可是实际上的成品不多，能够流传后世的就更属凤毛麟角了。据说供春亲自制作的树瘿壶，至今仅遗存一把，珍藏在北京国家博物馆。

明朝供春造紫砂壶

规格：600cc

材质：紫砂泥

明朝万历年间(1573~1620年)，宜兴的紫砂器生产达到了繁盛时期，这期间的作品种类多，呈现出高度繁荣的景象。在这个时期，许多的良师名匠穷其智慧进行艺术创作，因此创造出了许多不同类型的优秀作品，比如说茗壶、酒器、花盆、香熏、文玩等。那个时期文人说起饮茶这件事，也从早期的解渴提神阶段，发展成了一种文化活动，喝茶本身讲究的内涵是“趣”，寻求的境界是“两腋习习清风生”，紫砂茗壶也早已从普通日用品转变成了具有很高艺术价值的工艺品，从此开启了一个独立的工艺体系。紫砂壶中蕴含着强烈的民族风格和艺术特色，也因为这样，紫砂壶才逐步进入了中国特种工艺美术作品的行列。

明朝时期，紫砂茗壶能够得到迅速发展，这和当时饮茶的生活习惯有紧密联系。在明朝时期，饮茶方式从烹煮饼茶发展为冲泡散茶。而且因为泡茶使用的茶具茶壶不同于原本的那些茶具，这个时候，紫砂壶能够使茶的色、香、味得到最佳发挥的特性就凸显出来。紫砂泥本身可塑性强，又非常合适用来制造茶壶，而且在造型方面可以说是随心所欲，因此当时精于茶道的文人更加关注紫砂壶，一部分文人还参与了紫砂壶的设计制作，这也提升了作品本身的艺术价值。

明代的紫砂壶制作工艺日臻成熟，这一时期更是名家辈出，精品迭现。从供春树瘿壶问世之后，明朝万历年间先后出现的制壶名家还包括董翰、赵梁、元畅、时鹏等，这四人也被称为“四大家”。在这四位大家当中，董翰制的壶以精巧细致为特点，另外三位大师所制的茗壶则比较古朴典雅，不过这个时期流传下来的实物很少。在“四大家”之后，还有一位

供春

规格：500cc 左右

材质：段泥

知名的紫砂大师，名叫李养心，字茂林，同样是万历年间的制壶名家，李大师以制作小圆壶著称，他制作出来的紫砂壶于朴素中常带有令人惊艳的元素，也因为这样，他制作的壶常被称为“名玩”。李养心对制壶工艺的贡献很大，开创了“壶乃另作瓦缶囊闭入陶穴”的匣钵装烧法。明朝时期，茗壶制作的集大成者是时鹏之子时大彬，这位大师制作的茗壶淳朴古雅，在风格方面则有“砂粗、质古、肌理匀”的特点，他的作品还是紫砂壶艺成熟的标志之一。时大彬的弟子李仲芳、徐友泉在明代

半月壶

规格：350cc

材质：紫砂泥

西施

规格：220cc

材质：紫砂泥

的制壶艺人当中也很有名，当时有“壶家妙手称三大”的说法，这三位大师的名字都载于史册。

紫砂壶在风格和式样方面也经历了不断发展。明代的紫砂壶多数崇尚古朴，供春制作的各种样式的壶都是如此。明万历年间，制壶的名家大量涌现，而且每个人的风格均有不同。具体说来，时大彬的作品非常典雅厚重，其价值可以和璆琳相比；陈仲美在壶身雕刻方面的成就很大，雕刻精巧、细致入微；李仲芳的胎体制作得非常精巧，同时刀功秀丽。

明末清初，壶艺装饰的风格更是倾向于精雕细琢，这个时期杰出的艺术家以陈鸿远为代表。当然，崇尚粗犷豪迈风格的艺术家也是有的，像闵鲁生、陈和之、沈子澈、项不损、华凤翔等人。在风格上兼有浑厚质朴和精美细致的艺术家也是有的，代表艺人包括惠孟臣、惠逸公等。这一时期的紫砂壶制作可以说是百花齐放，呈现出整体繁荣的特点。

清朝嘉庆时期的书法篆刻家陈曼生对紫砂壶艺术水准的提升起到了极其重要的作用。当时按照陈曼生的设计，经杨彭年等人之手制作出来的紫砂壶，被当时的人称为“曼生壶”，这类壶的出现开创了紫砂壶使用诗词、书法、绘画、篆刻等艺术形式进行壶体装饰的新局面。

明清时期的紫砂茗壶，在形制上呈现出变化多端的特点，壶的形状和大小都是不同的。相对而言，明朝万历之前，壶的形状还是以大为主；自从万历年间过后，壶形就慢慢变小了。时大彬早年仿制供春壶比较多，因此制作大壶的情况是最多的，当时大彬和游娄东以及其他名士交往之后，才开始制作小壶。在此之后的徐友泉等其他制壶艺人，更是在这一方面做了进一步的努力，壶体的风格从“盈尺兮丰隆”逐渐转变为“径寸而平抵”。明末清初时期，陈子畦、惠孟臣在制作“小壶精妙”、“各擅胜场”方面都是非常著名的。壶形从大到小，也是伴随着士大夫饮茶趣味和习惯的改变而不断变化的。

除此之外，紫砂艺人多数要在壶底、壶把下方进行落款，明代的落款多用竹刀阴刻，使用欧体楷书雕刻在壶底；明末清初的一段时间，刻字与印章都兼而有之；清朝康熙以后，刻字的情况就比较少了，一般都是在壶底上使用印章，或者在盖内、把下盖小章。

紫砂器的其他种类

当我们说起宜兴紫砂的时候，提到最多的就是紫砂壶。的确，紫砂壶作为宜兴紫砂制品的一个重要类型，长时间以来备受人们的关注。可是实际上，紫砂器并不仅仅只有这一类制品。

宜兴的紫砂制品拥有多种类型，具体包括壶、杯、碟、瓶、盆、文具、玩具以及人物雕塑等。当然，其中最被我们称道的自然就是紫砂茗壶，茶具作为紫砂器的代表作，已经蜚声海内外。下面是我们对紫砂壶之外的其他紫砂制品作进一步的介绍。

瓶类制品

这是一件凤耳瓶作品，精心雕刻着茅屋、竹林和远方的群山。传统国画式构图，非常简练地创造出一幅悠然自得的理想隐居地图。我们生活在繁忙的都市当中，一天到晚追求着不同的目标，心态变得浮躁不安，试想如果能够居住于怡然山色之间，每日种田读书，肯定也是令人神往的。

百寿凤耳瓶

规格：80cm×40cm

材质：紫砂泥

凤耳瓶

规格：80cm×40cm

材质：紫砂泥

这件作品依旧是凤耳瓶，而在该作品的正反面雕有竹和菊花。在我国古典文学当中，常把梅、兰、竹、菊称为“四君子”。其中的菊花因为早植晚放，盛开于秋风肃杀的季节而被人们称赞为“气节高傲”，寓意为人处世要有骨气、不盲从。而竹子的寓意则更加直白，竹子枝节分明，且直立生长从未弯曲，而被认为具有正直的品行和分明的个性。将这两种植物作为百寿凤耳瓶的装饰，无疑也是取这方面的寓意。

在这件凤耳瓶上，刻有宋时诗人唐庚的作品《醉眠》中的首联和颔联。“山静似太古，日长如小年”两句，让人读来非常惬意，想想置身于无比安静的群山之中，每日吟诗读书，自然是无比闲适，可是时间一久，肯定也会让人感觉到时间过得太慢，进而重新走入世俗之中。花瓶装饰引用的这两句诗，也让我们看到了制陶者出色的文学修养。

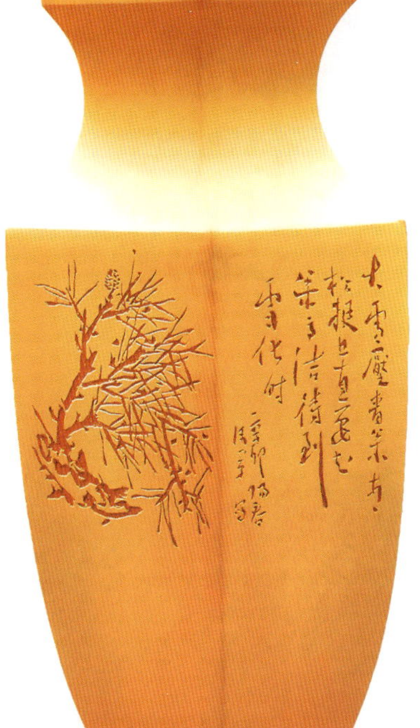

这是紫砂材质的六方瓶。六方瓶兴盛于明朝中晚期，瓶体呈现出六棱柱形的特点。这件作品六个面上的文字和图案均有不同。其中一面上刻有青松图案，临近的一面上则是陈毅元帅的诗词“大雪压青松，青松挺且直，要知松高洁，待到雪化时。”意指青松顽强的品质。另外的四面主题分别为梅花和竹子，诗词则来自于宋朝王安石的《梅花》，以及元朝杨载的《题墨竹》。

六方瓶

规格：75cm×35cm

材质：紫砂泥

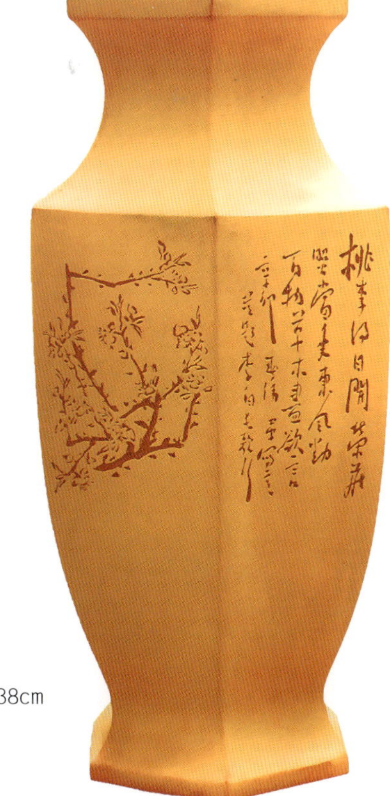

这件作品依旧为六方瓶。该作品的面上分别刻有桃花、菊花和兰花。除此之外，还有歌咏这三种植物的诗词各一首：“桃李待日开，荣华照当年。东风动百物，草木尽欲言。”“菊花如斗士，过时有余香，眷言东篱下，树枝弄秋光。”“兰生林樾间，清芬倍幽远。”

六方瓶

规格：75cm×38cm

材质：紫砂泥

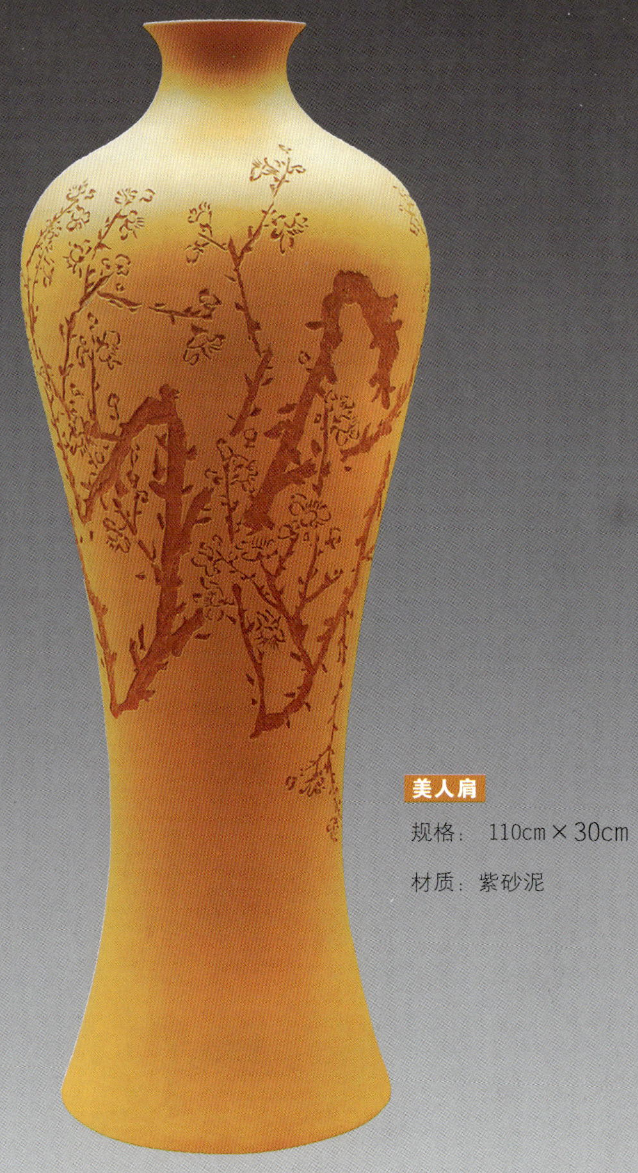

美人肩

规格：110cm×30cm

材质：紫砂泥

“美人肩”这个名字非常形象地概括出了这件紫砂工艺品的特点，那修长的瓶体，以及瓶口下方柔和的曲线，仿如刚刚出浴伫立在一侧的美人。瓶体上雕刻着大片梅花的图案，此外还刻有“厚德载物”的字样。

美人肩

规格：110cm×30cm

材质：紫砂泥

这件“美人肩”作品通体覆盖着大片的菊花图案，而令人耳目一新的是，在瓶口的周围，雕刻着四个字“道法自然”，这种装饰风格让我们耳目一新。

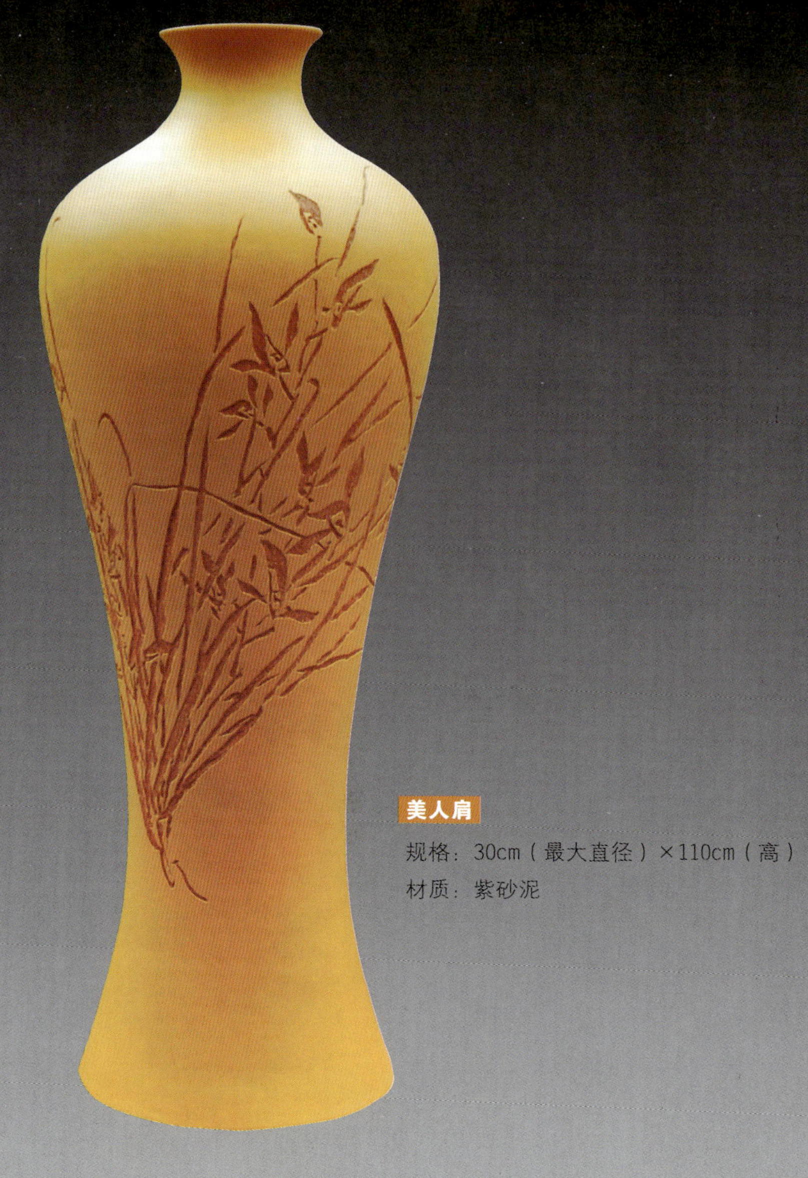

美人肩

规格：30cm（最大直径）×110cm（高）

材质：紫砂泥

这件作品是一件美人肩花瓶，瓶体的大部分装饰为牡丹花。牡丹被认为是富贵的象征，而在这件作品的瓶口处亦有“贵气高情”的字样。牡丹的装饰图案，搭配这样的文字解释，再加上“美人肩”独有的造型，给人浑然一体的感觉。

老子的智慧至今都在启迪着我们。在这件美人肩花瓶作品当中，我们可以明显地看到雕刻在瓶体之上的竹子图案，除此之外，还有“上善若水”的字样。如此文字和图案，让人们的思想境界升华了不少。

笔筒和笔洗

笔筒是平时常见的一种办公用品，我们非常熟悉它。紫砂制作的笔筒是比较少见的。这件作品的表面非常简明地雕刻了几枝梅花的图案，寓意着梅花刚强不屈的个性。

笔筒

规格：30cm（直径）×28cm（高）

材质：紫砂泥

笔洗

规格：35cm（直径）×12cm（高）

材质：紫砂泥

笔洗属于“文房四宝”之一，每当人们提起笔洗的时候，就能够直接联想到诗词歌赋以及意韵悠远的古代散文。的确，当文人在书房中读书创作的时候，只有足够安静，才能让文思泉涌。“静气”二字刻在笔洗上，是再合适不过了。

笔洗

规格：30cm（直径）×10cm（高）

材质：紫砂泥

“淡泊以明志，宁静以致远”一直是古代文人追求的境界，只有对世俗的功利保持足够的淡泊，才能拥有高远的志向。世俗的很多东西都在吸引着人们的注意，让人们茫然不知所措，这个时候如果谨记“宁静致远”的道理，方可摆脱繁杂喧嚣的世俗，获得心灵的安宁。

大水洗

规格：20cm（上直径）×10cm（下直径）×10cm（高）

材质：紫砂泥

这件作品依旧是笔洗的一种，造型为扁平状。上面刻有细致的牡丹图案，牡丹也叫“富贵花”，作品上雕刻的字为“富贵花开”，寄托着作者对于生活蒸蒸日上的美好期望。

Redware

紫砂的原料之谜

紫砂器的名字，来源于江苏宜兴地区出产的一种紫砂泥。陶瓷制品的好坏，和所选用的泥土有直接关系。紫砂器之所以那么有名，当然也和紫砂泥的成分有密不可分的联系。

紫砂泥不是一种简单的泥土，在化学性质和物理性质方面均有独特的优点。正是由于宜兴地区盛产这样的泥土，再加上其他的历史和社会原因，才慢慢孕育出了这样一种伟大的陶瓷手工艺术品。

紫砂泥的发现历史

紫砂器之所以受到使用者和收藏者的欢迎，和紫砂原料有密切的联系。

紫砂泥是紫砂壶制作的基础。紫砂泥常被称作“泥中泥，岩中岩”，紫砂矿泥本身的颜色种类丰富，所以还有“五色土”的称号，具体说来包括紫泥、红泥、青泥、红棕泥、本山绿泥等。另外，把上面 5 种基色的泥进行配比，还可以得到其他颜色。泥土配比的比例不同，配制出来的泥色也不同，宜兴产的紫砂泥质量上乘，而且矿藏量巨大，这也让宜兴的紫砂矿拥有了先天的优势，所以当地的老百姓都叫它“富贵土”。

紫砂史话

在历史上，很多事物的发现都很偶然，紫砂的发现也有一个非常有意思的故事。相传在古代曾经有一位僧人行至宜兴地界，对一个小村中的居民高声叫卖“富贵土”，当时的村民都很诧异，在僧人的引导下前往一个地方，果然发现了很多奇怪颜色的土壤，并用这种土烧出了紫砂器。这虽然只是一个美妙的传说，但是也从一个侧面反映了紫砂泥发现的偶然性。

鼓韵

规格：450cc

材质：紫砂泥

美人肩

规格：550cc

材质：紫砂泥

扁韵

规格： 400cc

材质：紫砂泥

扁韵

规格：400cc

材质：紫砂泥

掇菊

规格： 380cc

材质：紫砂泥

掇菊

规格：200cc

材质：紫砂泥

不同的紫砂泥产于不同的矿区，而且各矿区的矿层分布也是不同的。烧制的时候，温度只要有一点变化，最终烧制出来的器皿便有很大的不同，紫砂泥烧制后的颜色具有不确定性，从而让人有一种高深莫测的感觉。紫砂泥虽然是多彩的，但是本色也仅有朱、紫、黄三种颜色，具体说来，朱有浓淡，紫亦有深浅，黄色的变化就更多了。如果把这些颜色重新命

葫芦

规格：500cc

材质：紫砂泥

名一下，则可以概括为铁青、天青、栗色、猪肝、黯肝、紫铜、海棠红、朱砂紫、水碧、沉香、葵黄、冷金黄、梨皮、香灰、青灰、墨绿、铜绿、鼎黑、棕黑、榴皮、漆黑等。

紫砂泥料开掘于岩石层下面，通常分布在“甲泥”的泥层之中，矿层本身的厚度为几十厘米到1米左右，紫砂泥由含铁质粘土粉的砂岩构成。紫泥中主要的矿物成分包括水云母、高岭岩、石英、云母屑和铁。紫砂泥的化学成分则包括氧化硅、氧化铝、氧化钙、氧化镁、氧化锰、氧化钾和氧化钠。这些化学成分看似不起眼，可是在经过一定比例的配比之后，其组成的紫砂泥就有了非常优良的性能。

紫砂泥经过原始的加工后才会成为紫砂泥熟土。熟土之中铁和石英砂的含量是很高的，加工后的熟土颜色多为紫色或紫红色，这个阶段的紫砂泥可塑性就已经非常好了。最终制作完成的紫砂器表面有一种细沙粒状的物质，摸起来非常光滑。

使用宜兴紫砂泥做出来的紫砂器才是最正宗的紫砂器。有一些泥土烧制的陶器表面也是紫红色，可是这些陶器均不能认为是紫砂器。这些陶器和宜兴紫砂的品质差异是非常明显的。这类陶器也有许多种类，比方说产于广西地区的朱泥和紫泥陶器、云南地区出产的紫陶，这类陶器是由当地出产的紫泥土做成，外表也不挂釉，用来泡茶效果也不错，但这类陶器仍然不是紫砂陶。

紫砂陶的泥质细腻，制成坯体后韧度非常高，铁的含量超过9%，经过阴干后收缩率很小，产品不易变形。紫砂泥质的这些特性，给制作多样品种、造型的紫砂器打下了坚实的基础。

紫砂陶土在经过上千度的焙烧后，其吸水率会得到提升，气孔率也得以升高，紫砂器本身渗透性好，因此做成的茶壶都具有良好的吸附和透气性能，使用紫砂壶冲泡茶叶就是比其他茶具更加出色。

紫砂壶使用的泥料很独特，成型的工艺也很有特色，紫砂器的造型上融和了绘画、诗文、书法、篆刻等艺术类型，这么多的艺术元素最终使紫砂壶具有了巨大的鉴赏价值。因此，紫砂壶不再是一类简单的饮茶器具，更成为一种值得收藏的工艺品。正因为紫砂器的珍贵性，历史上便有了“一壶重不数两，价重每一二十金，能使土与黄金争价”的说法。

人们钟爱紫砂壶，乐于制造、购买和收藏紫砂壶，这也导致了紫砂泥连续几百年的开采历史。时至今日，紫砂泥的矿藏越来越少。早在清朝晚期，红泥当中品质最好的枣朱泥就已经消失了。伴随着我国工业化的发展，现代的大规模开采更是让紫砂泥这种不可再生的资源出现了迅速消失的趋势。紫砂泥的资源总量在迅速减少，紫砂泥当中一些品质出色的泥，比如说底皂泥，更是因为开采量和使用量远超过其他泥种，资源的总量下降得更快。按照紫砂界人士的分析，中国紫砂已经不得不面对原矿减产甚至消失的尴尬局面，宜兴地区的紫砂矿藏最多也只能支撑50年左右了，一旦矿藏资源枯竭，那么紫砂原矿就只能存在于人们的回忆当中了，那些使用纯正紫砂泥制作的紫砂壶，在使用和保存中都会受到一定的消耗，因此存世的总量也在慢慢减少。

紫砂泥的分类

紫砂泥的原料包括许多种，具体可以划分为白泥、甲泥、嫩泥三大种。白泥通常为灰白色，由纯粉砂质铝土质黏土构成；甲泥还被称为“夹泥”，这种泥土是以紫色为主的杂色粉砂质黏土，还包括紫泥和绿泥等；嫩泥的颜色主要为土黄色和灰白色，是一种杂色的黏土，嫩泥当中的朱泥是很有名的。

紫泥、红泥和绿泥在制壶过程中使用得最多。如果把这三类泥土进

筋纹

规格：350cc

材质：朱泥

亘古

规格：550cc

材质：紫泥

行加工，单独制作成壶，然后经过烧制完成的壶叫“本色壶”；把这几种泥土互相掺和，然后进一步制成多种色泽的陶泥，最终的成品颜色可以呈现为海棠红、朱砂紫、葵黄、墨绿、白砂、淡墨、梨皮、豆青、新铜绿等几十种颜色，紫砂泥的色彩最终也是紫砂壶的颜色，因此从外观上看无比质朴高雅。正是因为这样，古人称赞紫砂泥“果备五色，灿若披锦”。

紫砂泥的泥料是配比而成的，如何配比是门学问，在配制的比例上必须把握得十分精准。也因为这样，配泥成了制壶艺人的一项绝技，这种工艺完全依赖艺人的经验。如果详细了解壶艺高手的特点，就会发现他们大都是配泥能手，在他们的手中能够配比出多姿多彩的泥料，从而制作出各种颜色的紫砂壶，这同样是紫砂壶制作的一大特色。现代紫砂壶的制作不同于传统方法，一般情况下，泥料中经常使用一些着色剂（比如说金属氧化物）来进行配色，这样烧制完成的器物，颜色会更加丰富和鲜艳。

合欢

规格：450cc

材质：本山绿泥

紫砂泥的属性特征

只有选择了优秀的原材料，才能做出优秀的成品，对于紫砂器的制作过程来说就是这样的一个道理。一般说来，紫砂泥的选择需要注意很多事项，紫砂泥本身的品质特征是紫砂器质量高低的最重要参考。

对于传说，我们不必全信，可是有一点不能否认，紫砂壶的制作本身就带有宜兴山川的灵气，陶都出产的这种特种陶土矿产，更是成为了我国罕见的天然陶土资源。其实在安徽的寿县、山东的博山、广东的潮邑，也有类似的泥料出产，可是当研究成分的时候，就会发现巨大区别了。用紫砂泥做成的紫砂壶外表朴素典雅，而且非常经久耐用，这些优秀的

专家评鉴

Redware

制造紫砂壶的紫砂泥是一种非常奇特的泥土，因此只有经过烧制加工，才能做出理想的紫砂器。类似紫砂泥的泥土在全国其他地方也曾有过发现，比方说安徽的寿县和山东的博山等，可是经过仔细对比，就会发现它们和宜兴的紫砂泥有很大的区别，因此并不能替代宜兴的紫砂泥制作紫砂器。

特性都备受推崇。制作紫砂陶的原料紫砂泥，本身黏中带砂，柔中见刚，韧性极好，而且颜色鲜艳。这些陶土烧成之后的器物，光滑平整之中含有小颗粒状变化，表现出一种砂质效果，所以称之为紫砂、紫砂器或紫砂陶。

相对于其他类型的陶器，紫砂泥的优势包括以下几个方面：

（1）紫砂泥在制作过程中的可塑性非常好，烧制过程中的收缩率很小、烧成范围大，产品烧制完成后不易变形。

（2）紫砂的成品吸水率小于2%，气孔率则在陶和瓷之间。紫砂泥里面包括大量的团聚体（也就是闭口气孔），当紫砂器最终烧制完成时，团聚体则会出现较大的收缩，周围会出现一层层间断的气孔群。也因为这样，使最终完成的紫砂壶具有良好的透气性和排水性，用来泡茶是再好不过了。

（3）紫砂泥的分子排列结构非常有特点，基本呈现为鳞片状。紫砂泥的热传导性比较差，因此用紫砂茶具泡茶时不容易出现烫手的情况。在那些温差很大的季节里，比方说寒冬季节，突然在壶里倒入沸水或者用火烧煮都不容易出现裂痕，在这方面比一般的制作陶器和瓷器的材质优秀很多。

（4）紫砂泥本身的颜色多种多样，制成成品茶器时呈现出来的颜色和原料的天然色泽是一致的，因此也会显得更加质朴和高雅。

除此之外，海外人士还曾经把中国的紫砂壶称作“无毒茶具”，因为经常使用紫砂壶，还可以延年益寿。这同样是古今中外的嗜茶者、收藏家一直痴情于紫砂壶的原因之一。

浅谈紫砂壶的宜茶性

紫砂壶的宜茶性从古至今一直被人们推崇。在明代中期以后，社会上流的人士使用紫砂壶饮茶更是形成了一种风气。明朝的季李渔也曾经说过：“茗注（泡茶之器）莫妙于砂，壶之精者，又莫过于阳羡（宜兴的古称）”，还说，“壶必言宜兴陶，较茶（评茶）必用宜壶”。

清朝初年周高起撰写的《阳羡茗壶系》中对于紫砂壶的评论更加直接：

留香

规格：400cc

材质：紫砂泥

“近百年中，壶黜银锡及闽豫瓷，而尚宜兴陶”，从这里我们也能够明白早在明朝时期，宜兴紫砂壶便已成为世人公认的理想茶具了。

紫砂壶的宜茶性归纳起来可以概括为以下几个方面：

（1）用紫砂壶泡茶对茶的原味的保存非常好，茶汤的色、香、味均能完整保留，香气聚集不容易涣散。

（2）陈茶不馊，在气温很高的夏天，紫砂壶内的茶汤隔夜存放也不会出现腻苔，这个特性对洗涤和保持茶壶本身的清洁帮助很大。

（3）紫砂壶内的气孔可以保留一部分茶的味道。所以一种茶即使冲泡久了，平时在壶里加入沸水，也会有茶香冒出。

龙行天下

规格：400cc

材质：底槽清

天道酬勤

规格：350cc

材质：紫砂泥

（4）出色的耐热性和透气性，因为紫砂泥本身能够承受冷热的急剧变化，紫砂壶也承袭了这一点，平时用沸水泡茶，当手接触茶壶时，不会感觉非常烫。

（5）紫砂壶经过长久的使用后，器身会因为主人的抚摸擦拭变得更加圆润，使整体看起来也是既古朴，又非常典雅。

纵然紫砂壶的宜茶性甚佳，可是我们还是要注意：根据茶系的不同，泡茶的方法一样也要变化。相对而言，选择泡什么样的茶，也要看准茶系，进而选择不同的壶来冲泡。

一般情况下，紫砂壶适合泡的茶包括半发酵的茶或全发酵的茶，比如说铁观音、乌龙、普洱等。相对而言，龙井、毛峰等绿茶就不太适合用紫砂壶来冲泡了，因为紫砂壶本身保温性很好，紫砂壶中的绿茶加热时间太长，绿茶中的维生素也会随之流失。

紫砂泥的加工处理

紫砂泥科的开采

紫砂泥的产地主要集中在江苏宜兴境内的南部丘陵山区，比方说黄龙山和白砀山等处，挖掘紫砂泥要依据不同的地方和不同的品种，以及不同的地理条件，采取不同的开采方法。具体来说，紫砂泥的开采方法包括两种，即明掘和暗掘。

明掘也就是我们平常说的露天开采，这种方式的优势是节省时间和人力。开采的时候先掘去1~2米的表层废土，就可以挖掘紫砂泥了。这种挖掘方式对应的是覆盖层较薄的矿体或比较靠近地表的山坡，这些区域适合用明掘方法进行开采。对于开采的矿藏，比较著名的明掘矿藏就是嫩泥矿。多数情况下泥层和地表的距离不超过2米的，就可以进行明掘。

紫砂实话

宜兴地区烧制紫砂制品的时间有好几百年了，紫砂器作为一种著名的工艺品，在进行制作的每一道工艺上都要仔细留心。紫砂壶的制作时间持续了好几百年，在此期间壶的样式一直在发生变化，可是在对紫砂泥的处理上，始终保持着传统的工艺。

平安壶

规格：300cc

材质：紫砂泥

暗掘也就是坑道开采，这种挖掘方式要按照固定的开采程序，在地下矿床或围岩中把泥土开采出来。进行开采前需要先凿矿井，矿井要穿过黄石岩层或在黄石岩层开掘成横穿式隧道到泥层，之后进行开采才更科学。暗掘的开采方式有两种：一种方式是采取矿井式采掘，这种方式开采的泥土距离地面都比较深，相对而言，采掘的工程更加困难，多见的矿藏包括甲泥矿；另一种方式就是隧道式采掘，这种方式经常被用来开采紫泥矿。

刚挖掘出来的紫砂泥矿，从外观看类似岩石，质地粗硬，自然不可以直接用来制作紫砂壶了。处理的第一步就是用人工方法进行精选，然后露天存放一些时日，让矿石得到自然风化，将其分解成黄豆般大小的颗粒状物质，这就是“生泥”了。随后运用机械加工的手段把生泥进一步粉碎成所需的粒度，添水调和揉炼，之后经过“陈腐”工艺，才会变成“熟泥”，进而用来制作紫砂壶。

古代的紫砂泥加工都是手工炼制，也因为这样胎体里面的泥才会出现粗细不一的情况，壶烧成时整体的收缩情况也是不均匀的，在壶的表面经常会有粗颗粒凸显，看起来像是梨的表皮，非常生动有趣。壶内壁也存在空隙，具有一定的气孔率和吸水率。用现代工艺加工的紫砂泥主要用机械炼成，还跳过了“陈腐”阶段，因此制作的效率较高，这种紫

扁汉方韵

规格：400cc

材质：紫泥

线圆壶
规格：330cc
材质：紫砂泥

砂泥的颗粒非常均匀和细腻。不过现代工艺加工的紫砂泥在韧性上比较差，加上现代工艺加工的紫砂壶吸水率大大降低，这些情况都会影响到紫砂壶的品质。

加工泥料的工序

泥料的加工处理程序是非常复杂的。先得精选出一块紫砂矿土，进行手工磨制，在使用木槌对矿土进行千锤百炼的加工后，才能得到最适合手工成型的紫砂泥，手工制作的紫砂泥和机械处理的紫砂泥相差甚远，手工加工的紫砂泥颗粒大小非常丰富，而且分布致密，就像许多体积不等的颗粒相互挤在一起。然后再经历一段时间的陈腐处理，可塑性就可以大大增加，这种处理工艺可以让细薄的泥条、泥片竖立起来并耐得住拍打，这些步骤也都是制作完美器型的最重要前提。那些使用机械手段粉碎泥矿而得到的紫砂泥，颗粒非常单一，至于韧性不足的部分，则采用冲浆的办法把极细的泥浆添加进去，增加泥料的可塑性，这种方法可以说是补救的方法，可是这种操作的直接后果就是泥料生硬，烧成之后的制品胎质有一种玻璃般的光泽感，敲击时声音听起来非常致密和尖脆。而手工泥料经烧制后本身胎体的气孔率就比较高，泥质材料本身的热传导性降低，而透气性增强，也就更加适合泡茶，且壶身色泽雅致。

云肩如意

规格：300cc

材质：紫砂泥

泥条泥片的打制

那些经过手工处理的泥料，处理过程中经历了千百层的叠加，但是方向始终不乱，最终可以捶打成 2.5 毫米左右的泥条泥片，这比较类似千百层泥层的延伸，最终制作完成的泥料均匀而强度大，耐拍打。那些经历手工打制的身筒要按照一定的方向，如果不认方向，打得没有规律，那成品烧成后壶身上会出现不平整不均匀的凹凸点。拍打的次数也同样有讲究，如果拍打成片的过程中多了几次，那“泥门”就会被打松，少打则达不到效果，顾景舟曾有要求：一般打 13 下左右就可以了。拍打的过程会间接地影响到壶的胎体，进而影响到茶事的功能。此外，这道工序对壶身造型的塑造也有关键影响。

打泥片

打身筒

打身筒

使用木拍拍打泥条时，要做到均匀有力，泥条的两端会因为压缩而增厚，这也会让形体更符合陶瓷的力学特点。在此之外，拍打所造成的震动也可以让泥的颗粒做出进一步细微的改变，一般情况下细小的颗粒会被翻到表面上来，最终形成的紫砂泥是有机的断面结构，这会给壶体表面那层“包浆”的形成打下基础。

篦身筒

经过拍打流程的壶身要用“篦子”这种工具本身的弧度进行加工，最终可以让壶身得到符合仰合的弧度。篦身筒可以对壶身产生均匀的挤压，最终消除高低不平的部分，将形体做得更加匀整。在经过这个工艺流程后，胎体的致密度会得到提高，经过挤压的进一步作用，粗颗粒会被挤入里层，而细小的颗粒则会浮出表面并得到固定。那些好的篦身筒工艺不能简单地一套带过，更不能直接用模具做坯，进而省去篦身筒的工艺，如果使用模子一次挡出形体，壶体的物理结构就不会发生变化，最终会对冲泡时的发茶效果不利。

葵仿古

规格：300cc

材质：紫砂泥

明针工

这里说到的“明针”，就是用水牛角制成的薄片。用明针对坯体进行抛光，这也是整个工艺的最后一步了，因此也被称为“了坯”。明针工做得好与坏，会直接影响日后壶体表面“包浆”膜的形成。它具体包括三个步骤：

1. 刨光：先把壶体表面的高低不平之处刨平。

2. 压光：使用薄片的刃口压紧泥的颗粒，让颗粒间更加紧密。

3. 磨光：利用明针的柔韧、光滑打磨坯体，最后达到镜面般光亮的效果。

这一步工艺可以稳定坯体的物理性质，并使紫砂壶坯体的有机结构最终固定下来。使用机械或模具加工壶体，多数情况下能够跳过此道工序，现代工艺在处理该环节的时候，经常都是在原料中加入低熔点的玻璃类物质，原料烧成后也可以呈现出光洁的效果，但是这种方法制造的泥颗粒的结构和手工方式是完全不同的，最终对论茶的品质也会产生影响。

独特的陈腐工艺

陈腐工艺又常被叫做“养土”，这道工艺是指当生泥在软硬适中的条件下时，用铁铲把生泥切割成大小相当的方块，置放在阴湿的地方，并且经常洒水，以保持泥土本身的湿度。陈腐的时间越长越好，经历一段时间后，泥里面的有机物成分会腐烂挥发，这样也能够提高成品的质量。古代的紫砂艺人对陈腐非常看重，古时，那些陈腐时间达百年的纯紫砂泥，比黄金还要珍贵。

著名的紫砂烧窑

江苏宜兴丁山黄龙山

窑温：大概在1150℃， 收缩比大概为11%。

适合冲泡：乌龙茶生茶（轻焙火类型）、普洱茶的各种系列。

早期红泥的使用是非常常见的，这种红泥多生产于江苏宜兴的黄龙山，这里有大量的红泥原矿出产，那个时候矿脉里的铁质成分较高，最终烧制出来的茶壶会有火疵和小熔点，经过很长时间的使用后，会有一种锋芒毕露的感觉，早期壶艺收藏家和养壶者都非常赞赏这种茶壶。新壶初用，茶汤略显砂气，经使用壶身展现出朱红，泡茶数日则如朱泥。

江苏宜兴市洑东乡西面

窑温：大概在1040℃，收缩比大概为45%~55%。

适合冲泡：乌龙茶生茶（轻焙火类型）、铁观音（中焙火或重焙火类型）、普洱茶各种系列。

宜兴市洑东乡东面的矿区开采的嫩泥中有一类叫小红泥，这种泥料

宫灯

规格：400cc

材质：紫砂泥

中拥有大量的氧化铁，在经历高温窑烧后会呈现出朱红色，这种泥料的泥质细腻而且密度很高，相比于一般的红泥制品，这种类型的泥料非常稀有，泡出来的茶味道出众，评价甚好。

江苏宜兴丁山黄龙山脉四号井

窑温：大概在摄氏 1150-1200℃ ， 收缩比大概为 13%。

适合冲泡：乌龙茶生茶（轻焙火系列）、铁观音（中焙火或重焙火系列）、普洱茶各种系列

这个矿井当中生产的泥料“细黑星”很有名，早期做壶时使用这种泥料的很多，这种泥料的外形就是浅棕色中含有细黑色的颗粒，色泽非常温润，也属于紫砂矿的极品类型。这种泥的黏性很好，成分中石英、

平安如意

规格：420cc

材质：紫砂泥

风韵

规格：400cc

材质：紫砂泥

云母、赤铁矿的含量比较高，成品茶壶上往往都有非常密集的小熔点，器身的双气孔结构更加明显，空气对流非常顺畅，气孔的疏密也很好。

每个时代紫砂泥的特色

紫砂器物在明朝便开始兴盛，发展到今天已经有数百年的历史，这期间无数的紫砂器被制造出来，制造器物的泥土往往是一处地方的矿层开采枯竭了，再转到其他地区的矿层继续开采。开采的矿山不同，土质肯定也会不同，入窑配火，火候的控制也是不同的，这些内容都会给鉴赏紫砂带来困难，依据这类可供评判的依据，不同紫砂器鲜明的时代特色就会完整而清晰地展现在这些器物的胎土上。

四方抽角

规格：450cc

材质：紫砂泥

在16世纪初到18世纪末的明万历至崇祯年间，紫砂壶的制作最为兴盛，名家辈出，如李茂林、时大彬、徐友泉、陈用卿、惠孟臣、陈子畦等，这段时间也是紫砂艺术发展的重要时期。可是在初期，进行紫泥矿开采并不会进行分类选料，基本上也都把本山绿泥、中槽泥、底槽泥混合起来，这段时间的紫砂器，如果使用22倍放大镜细细研究器物表面，会发现相当明显的颗粒组合结构。一般来说，底色泥中夹杂着黄、草绿、红褐色等大小不等的颗粒，制成品的色泽也要根据中槽泥的成分多寡来定，一般情况下偏红的浓紫色都是因为底槽泥成分较多造成的，颜色为淡墨，又靠近黑紫色的情况，也都是因为本山绿泥比较多。如果成品当中掺入的钢砂比较多，这也说明是底泥。现存的一些粗砂制作的壶，往往被鉴定为明代的壶，这些观念也直接导致了大家在鉴赏方面产生了“明代的紫砂就是带有粗砂的紫砂”的错误观念。一般说来，外表砂质比较突出的壶，多是使用“洗砂法”制造而成，即把掺粗砂的土坯在入窑烧制前用水洗去表面之细土，进而就能够显露出粗砂之表面，然后经过烧制最终完成，这些和明代的紫砂壶是不同的。真正的明代紫砂，因为矿土本身质量优秀，再加上窑火把握得好，烧制时表面砂质熔化，故能在出窑后使胎骨泥质表现出细致莹洁之感。

流传至今的明代壶，基本的壶色就是三种，颜色是在历史上都有记载的，像红泥、白泥、黄泥等泥类型，因为流传至今的实物还未发现，故不能定论。

陈鸣远，传说是清朝康熙和雍正年间人士，对紫砂的发展作出了重大贡献。曾经考古出土过一件落款为陈鸣远的朱泥残壶，经过研究仍可以发现茶壶本身坚硬的胎骨，以及那种内敛的质感，壶上的时间标记为雍正四年，从这里我们可以进一步推测清初为紫砂器生产的盛世，在康雍时期，紫砂壶的做法和明时的风气相差不远。出窑之器物的土质虽然干粗无光泽，但使用茶汤养壶时，变化肯定是很迅速的，茶汤养壶可以让茶壶的质地由粗涩变得光滑细腻，此点是明末清初紫砂胎土的特色。

清朝的中后期，因为窑火烧制水平的下降，导致胎骨虽硬，可是温

包容

规格：500cc

材质：段泥

润透明的感觉相比于明末清初时已经差了很多。因为本身外观水准的下降，所以常上釉于表面加以装饰，如果使用放大镜进行观察，可以发现颗粒组合结构已出现改变，其中含有的黄色及草绿色颗粒较明末少，红褐色颗粒较粗。乾隆时期制造的紫砂器，表面常常带有黄色的光泽，早期紫砂壶的砂质较粗，晚期的砂质就转变得比较细腻了，后期对原料的筛选更加仔细。这段时间比较出名的泥料包括：

（1）段泥：金黄色的底泥中夹杂着墨色和赭色的颗粒，仔细观察还会发现微透明状的鹅黄颗粒，而且观察起来更像是颗粒含在其中，而非凸出的砂粒状；

（2）红紫砂（泥）：泥中带有少量的淡墨色和鹅黄色颗粒，一般这种泥的胎骨较为松散，因此制作不易，泥光艳，色带海棠红，有膏冻之质感。

嘉庆道光年间，紫砂色泽的调配就比较丰富了，泥色有黄、褐、紫等，而且在泥中都夹杂着大量的黄颗粒，故养成后质感细腻，惟光泽和透明感略逊于明末之紫砂。

从19世纪60年代到20世纪初的时间里，紫砂胎土之发展更趋向于多元化。紫泥加上氧化锰，调配成黑泥的方法，也是此时才开始有的。初期的黑泥色墨黑，常有似铁锈之结晶。白泥之传世品，如王东石、何心舟所作，也是此时的稀有之物。紫泥中与红紫泥中隐含之黄颗粒较清中期时少，朱泥色红不如清中之色娇艳，质感也较清中期时差。

民国初年，尤其以上世纪20~30年代为紫砂蓬勃兴盛之期，除知名艺人制作紫砂壶外，这段时期仿古做旧的紫砂品也更多地出现。这个时期紫泥的胎土，如果是由名工所做，那泥质会更加优秀，经过茶汤养护，会快速变化，一方面胎体坚硬，另一方面光泽温润。若是一般普通之壶，则色泽比较枯燥，带有浓烈的砂土之气，需要经历过很长时间的养护，方可展现出润泽的质感。朱泥壶的胎体干而色暗红，并没有历史上的工

小型竹节

规格：450cc

材质：朱泥

茄段 竹子

规格：550cc

材质：紫砂泥

艺品那样鲜艳。一般情况下，段泥在青灰色底泥中包含着大量的黄颗粒和少许的赭色和淡墨色颗粒，比清朝中前期的段泥土胎中的颗粒小，而且在胎骨上也没有那时坚实。

紫砂业经过长时间的战乱与萧条后，从 1955 年之后，建立了蜀山陶业生产合作社。1978~1983 年，一些壶内的滤嘴，被制成了“蜂巢”状，这种壶也被叫作“蜂巢壶”，这段时间主要是紫砂与红紫砂，里面包含的黄颗粒比较多，养成速度快，晶亮透明，堪称绝品。大约 1980~1985 年间，紫砂与红紫砂的胎土中除了微量的黄颗粒，还夹杂了大量的黑细沙般的粒子。红泥刚开始烧成的时候为粉胎状，养成后则有一种膏冻般的质感。1985 年后的紫砂较黑，养护后壶变成浓葡萄紫色；红土的粒子粗，养成不易。

Redware

紫砂壶的发展历史

紫砂壶的制作古已有之，在收藏品市场上，一些古董级别的紫砂壶更是受到收藏家的追捧和青睐。那些年代久远的古茶壶价值极高，对于这类紫砂壶的收藏，也要付出极大的财力。紫砂壶的新收藏爱好者可能会比较好奇，紫砂壶究竟是怎样兴起的呢？

紫砂壶的兴起

紫砂茶具从陶器茶具发展而来，但又不是一种严格意义上的陶器。北宋时期梅尧臣的《依韵和杜相公谢蔡君谟寄茶》中说的：“小石冷泉留早味，紫泥新品泛春华。”就是讲的紫砂茶具在北宋时期，刚开始兴起时的情景。紫砂壶的具体创制者是谁，现在已经无法考证了。1976 年在宜兴丁蜀镇羊角山发现紫砂古窑址，并出土了早期的紫砂茶具残片，这个考古发现也证明了宜兴地区出产紫砂器的历史已经接近千年。

明朝人供春曾经徒手制作紫砂陶茶具，最终做出的紫砂器物，造型简练、大方，色泽淳朴、古雅。根据明朝周高起《阳羡茗壶系·创始》中的记录：“金沙寺僧抟紫砂细土，搜筑为胎，规而圆之。刳使中空。

紫砂史话

紫砂壶现在不再是一种简单的茶具了，即使是新烧制出来不久的紫砂器，也可能因为做工精良而备受人们的追捧，一样会有很高的价值，对那些历经久远时间保存下来的紫砂壶来说，更是如此。可是紫砂壶起初也只是一种茶具而已，不过由于紫砂壶优良的性能，给了文人墨客更多的关注机会，从而造就了紫砂壶收藏的热潮。

素水 称心

规格：380cc

材质：紫砂泥

畅香

规格：450cc

材质：紫砂泥

虚扁

规格：350cc

材质：紫砂泥

踵捏口、柄、盖作成壶具，附陶穴烧成。人遂传用。”金沙寺僧制壶的年代也同样不好考证，但肯定比供春年代略早，根据《宜兴县志》中的记载：“明正德间，有制壶名师供春所制紫砂茶具，新颖精巧，温雅天然，质薄而坚，负有盛名。”供春制造的“树瘿砂壶”更是传世珍宝。

明代嘉靖至万历年间(1522~1619年)，紫砂的制壶高手包括董翰、赵梁、袁锡、李养心和时朋。明代后期，紫砂的名家时大彬及其弟子李仲芳、徐友泉，被称为“壶家妙手称三大”。时大彬所制茗壶，世称为“时壶”或者“大彬壶”，也成为了后世的楷模，这段时间著名的制壶大家还包括欧正春、邵文金、邵文银、蒋伯荂、陈用卿、陈信卿、闵鲁生、陈光甫、邵盖、邵二孙、周后溪、陈仲美、沈君用、陈君等。万历后期的著名工匠包括陈俊卿、周季山、陈和之、陈挺生、承云从、沈君盛、陈辰、徐令音、沈子澈、陈子畦、徐次京、惠孟臣、葭轩等。

明朝末期，宜兴的紫砂器被葡萄牙商人远渡重洋运至欧洲，被当时的欧洲人称为“红色瓷器”或“朱砂瓷”，并成为欧洲市场的热销产品。1650 年荷兰人模仿鼎蜀壶，制造出茶用陶壶的最早样本。1672 年英国人模仿鼎蜀壶，制造成第一批茶壶。

清代康熙至雍正年间（1662~1735 年），紫砂的制作名师当属陈鸣远，所制茗壶，善翻新样，雕镂兼长，技艺精湛，构思脱俗，配色巧妙，被称为该时期紫砂工艺的巅峰之作。他制作的茶器和陈列品种类有数十种。

大彬壶
规格：550cc
材质：紫砂

石瓢壶

规格：220cc

材质：紫砂泥

清代雍正、乾隆间（1723~1795年），陈汉文、范章恩、杨季初、张怀仁，属于著名的紫砂制作高手。此外王南林、杨继元、杨友兰、邵基祖、邵德馨和邵玉亭等工艺大家，还为宫廷制作御器，他们很擅长制作彩釉砂壶。

清代乾隆、嘉庆年间（1736~1820年），名匠有惠逸公、潘大和、葛子厚、吴月亭等。

清代嘉庆、道光年间（1796~1850年），著名的制壶大师包括陈曼生、杨彭年兄妹等人。陈曼生本身就善长书画、精于篆刻，此外，他曾任溧阳县宰。根据传说，陈曼生设计了“壶样十八式”，并交付给杨彭年进行制作，然后再由陈的幕僚江听香、郭频迦等人进行镌书铭刻。这个时期陈曼生也曾自己做壶，世称“曼生壶”。稍晚的还有一代名师邵大亨，其所制茗壶，独具一格。

清代道光三十年(1850 年)，宜兴的鼎山白宕窑户鲍氏在上海开设了“鲍生泰”陶器店。“鲍生泰”是宜兴第一家在上海地区开办的专售本乡陶瓷器的商号。清代咸丰十年(1860 年)，鼎山白宕窑户葛翼云在上海开办“葛德和”陶器店，主要业务是销售宜兴陶瓷产品。

在日本的江户时代末期，宜兴的紫砂器大量输入日本，惠孟臣壶、陈鸣远壶，非常受欢迎。1867 年，日本东京的南画家富冈铁齐出版了《铁齐茶谱》，这部书也是日本出版的最早一部紫砂茶具图谱。光绪四年(1818 年)宜兴的紫砂名师吴阿根、金士恒，应日本国常滑陶瓷名匠鲤江高须的邀请，东渡日本，传授紫砂制壶技艺。

清代宣统二年(1910 年)，宜兴阳羡陶业公司和宜兴物产会生产的“海竹顶紫砂壶”、“宝鼎壶”、“传炉壶”和“大柿壶”，获南京“南洋劝业会”金牌奖。民国 2 年(1913 年)，宜兴蜀山兴办利用陶器公司，聘请紫砂名师范大生为技师。在民国初期，宜兴利用公司在蜀山创办“利用陶工传习所”的同时，特意修建了一座龙窑，然后招收学生，这座学校也是宜兴陶瓷史上建立的第一所培训学校。1915 年紫砂器在美国旧金山“太平洋万国巴拿马博览会”获头等奖和二等奖。

民国时期的紫砂名家朱可心、程寿珍、俞国良、吴云根和范福奎创作的“云龙紫砂鼎”、“掇球紫砂壶”、“仿古壶”和“传炉壶”等，最终在美国芝加哥举行的“世界工艺博览会”上展出，并荣获优秀奖。紫砂名师范大生制作的紫砂雕塑“鹰”，在英国“伦敦国际艺术展览会”上荣获金奖。

1954 年，紫砂生产工厂成立，聘请紫砂名师朱可心、任淦庭、裴石民、吴云根、王寅春、顾景舟、蒋蓉、吴纯耿等人进行技术辅导。同时工厂在政府的扶植下翻新旧的设备，加快生产的发展。

总的来说，明清时期的很多文人都参与了紫砂壶的制作，并最终为紫砂洗去了缸瓦土气，从明代四大家唐寅、文徵明、蓝英、沈周到清代陈鸣远、陈曼生，历史上的紫砂艺人在工艺制作方面付出的努力也给紫砂器物的发展提供了源源不断的动力，岁月磨练出了历代紫砂大师的精

春色满园

规格：350cc

材质：紫砂泥

梅花

规格：350cc

材质：紫砂泥

妙工艺。伴随着文化一点一滴的熏染浸润，紫砂壶的工艺价值不断得到提升，历代大师把紫砂壶的文化内涵和艺术底蕴都挖掘了出来。

紫砂工艺刚开始便是因茶而生，文人墨客在浅饮轻酌之中成就了紫砂的精魂，最终也决定了紫砂壶在工艺美术舞台上的流光溢彩。

紫砂壶使用的特点

宜兴的紫砂茶具备受饮茶爱好者的追捧，一方面，茶具本身的风格多样化，各种茗壶造型独特且富有文化品位，这一特点在古代茶具中可以说是别具一格；另一方面紫砂的质地对泡茶非常有好处。

根据现代科学的研究，紫砂壶能够保持茶汤的原味，一方面可以吸收茶汁，另一方面可以耐冷耐热。概括起来，紫砂陶的优点有 8 个方面：

（1）紫砂陶的物理特性非常独特，既能保持茶香，还能避免熟汤气，

文人石瓢

规格：180cc

材质：红皮龙

紫婉
规格：180cc
材质：清水泥

也因为这样，泡出来的茶色、香、味都得以保存下来。“宜兴茗壶，以粗砂制之，正取砂无土气耳”，又“茶壶以砂者为上，盖既不夺香又无熟汤气，故用以泡茶不失原味，色、香、味皆蕴”，上面引用的词句都是古人总结出来的特点，换句话说，用紫砂壶泡茶需要注意的就是准确掌握茶性与水温，这样便可以泡出“聚香含淑”、“香不涣散”的好茶，而且对比其他材质的茶壶，紫砂壶泡出的茶汤香气愈发醇郁芳香。

（2）紫砂陶本身介于陶和瓷之间，是一种半烧结的精妙茶器，因为存在特殊的双气孔结构，透气性非常好而且不渗漏。这种材质的茶壶一方面可以吸收茶汁，经过一段时日的使用后，积累下来的茶锈还有更奇妙的作用：将沸水注入空壶时，也会有茶香溢出。这一现象也对应了“一壶不事二茶”的道理。

（3）清洗方便。当很长时间不用，再次取用时，使用开水泡烫茶壶2~3次，然后将冷水倒掉，再泡茶原味不变。

（4）热胀冷缩的幅度很小。即使寒冬腊月在紫砂壶中注入沸水，茶壶本身也不会因为温度剧增而胀裂；壶体本身传热缓慢，无论提抚握拿均不烫手。

（5）紫砂材质耐烧，冬日里用温火烧茶，茶壶也不易爆裂。当年苏东坡就曾用紫砂提梁壶烹茶，还留下了“松风竹炉，提壶相呼”的诗句。这同时也是古今中外讲究饮茶的人偏爱紫砂壶的原因之一。

（6）即使在盛暑时，茶汤依旧不易馊。紫砂壶中的茶汁不易变质，而且还不容易起腻苔，因此清洗方便，非常省事。对紫砂壶的清洗，清人吴骞还曾经记下了他的方法：“壶宿杂气，满贮沸汤，倾，即没冷水中，亦急出，冷水泻之，元气复矣。”

（7）能保持茶汤的原汁原味，紫砂土本身可塑性非常之好，延展性

乳鼎

规格：400cc

材质：紫砂泥

极佳，只要制作的时候工艺足够精细，制作出来的成品壶肯定是口盖严密，缝隙极小，最大程度上放缓了带有霉菌的空气流向壶内的时间，因此也最大程度地延长了茶汤变质的时间，对人的身体健康非常有利。

（8）伴随着紫砂茶具使用时间的增加，紫砂茶壶本身的光泽也会更圆润，在这方面有《阳羡茗壶系》中的记载为证："壶经久用，涤拭日加，自发闇然之光，人手可鉴。"

紫砂壶的外观特点

紫砂壶有一些实用性特点，是其他类型的陶瓷或金属茶具所无法比拟的。在此之外，紫砂壶从艺术层面上来讲，依旧不乏明显的优点：

（1）紫砂泥本身色彩多样，因此紫砂壶也多不上釉，制作的过程中，透过历代艺人的精心设计，最终还能变幻出种种缤纷斑斓的色泽和纹饰来，增加了外形的可观赏性。

（2）紫砂泥本身可塑性高，因此不利于灌浆成型，紫砂壶的成型技法变化万千，和手拉坯等轮转成型方法不同（这种方式制作的造型仅限于同心圆的造型），也因为这样，紫砂器的造型品种非常多，堪称举世第一。

（3）紫砂茶具和茶的联系非常紧密，也因此和文人雅士结缘，在此基础上，许多画家、诗人都会在壶身上题诗、作画，寓情写意，这也进一步提升了紫砂器的艺术性与人文性。

正是由于实用价值与艺术价值的兼备，紫砂壶的经济价值也变得不可小视，进而也推动了紫砂壶制作者的工艺创新。紫砂壶本身包含了众多的元素和内容，因此才能在数百年的时间内一直受到人们的喜爱与重视。

与紫砂壶关系密切的茶文化

我们在讲起紫砂壶时，不得不先说一下茶。中国的茶文化历史久远，而且博大精深。古人在从刚开始的“食茶”发展到“饮茶”最后发展为“品茶”的过程中，逐渐掌握了茶叶、茶具、用水、烹煮、饮用的各种知识，这些内容也让饮茶这种文化休闲活动有了更加深刻的文化内涵。在这一过程当中，紫砂壶应运而生，并最终成了“茶具之首”。

据传说，茶是神农氏发现的，当年神农尝百草时，发现这种鲜叶可以直接放入口中咀嚼，而且味道清苦淡雅。当茶这没有被当成是一种普遍的饮料时，茶曾经被看成是一种草药。

专家评鉴

Redware

饮茶一直都是文人墨客在闲暇游玩以及平日困顿时，休闲放松的最好方式之一，紫砂壶作为一种具有优良贮茶功能的器皿，自然也就引起了文人墨客的注意。之后不管是在紫砂壶上题词，还是在紫砂壶上进行各种装饰，都从不同方面增加了紫砂壶的知名度。紫砂壶和茶文化的关系是最直接和紧密的。

传统工艺制作的饼茶

直至西周初年，人们在生活中才常常喝到茶。那个时候处理茶的主要方式是烹煮，而且用的茶具与餐具、酒具等都是通用的，形制多为青铜质的鼎或陶质的钵。春秋战国后，茶除了作为饮料，还常作为蔬菜食用。

到了秦汉时期，茶叶才被重视起来。可是当时有两个问题，就是茶叶的运输和贮存。之后，充满智慧的古代人发明了用茶饼贮存茶叶的方法。这个时期的饮茶器物也比较讲究了，出现了专门的茶具，马王堆汉墓中就曾经发现装茶用的茶箱，这个考古事实证实了这段时间茶具已经从餐饮器皿中独立出来。当时茶具的种类已经非常丰富了，贮存茶叶使用的箱、罐，另外烹茶还可以用到鼎、釜、壶、瓶，饮茶的时候则会用到盂、杯、碗，盛茶则用勺等。东汉时期，陶瓷制作的茶具开始受到关注，这时期的茶具种类异常丰富。两晋南北朝时期，饮茶在南方地区的士大夫阶层中逐渐流行起来，浙江越窑烧制的青瓷中，也发现了茶具，最著名的茶具就是青瓷盏托，盏托的出现就是为了防止茶碗过热而烫手。

隋唐时期的茶叶种植面积迅速增加，而且产量也随之大幅度提高，茶店、茶铺逐渐繁荣，在社会上出现了嗜茶的风气，煎茶的方法十分盛行，而且茶具也得到了进一步的发展。到了历史上有名的茶圣陆羽时期，饮茶已经差不多发展成一种“艺术”了，茶具也已经变为饮茶活动中不可

钟韵

规格：400cc

材质：紫砂泥

或缺的组成部分。饼茶的制作也出现了很大的发展，陆羽在《茶经》中就记录了这样的情况：唐代制作饼茶有采、蒸、捣、拍、焙、穿、封等 7 道工序。具体的做法为：春季在晴天的清早采茶，一般这个时间太阳还没有出来，露水都未干，把新采的茶叶放到甑釜中蒸煮，之后将蒸过的茶叶用杵臼捣碎，随后把这些茶叶拍（压）制成团饼，最后将饼茶穿起来焙干。

宋代的茶业日益发展，上至皇亲国戚，下至平民百姓，对于饮茶都十分热衷。宋人饮茶的方式就很文雅和讲究了，当然，这种风气和宋代抑武扬文、重视文化有密切的关系。宋代的文人地位很高，在这种文人起到重要影响的社会里，饮茶这种事情肯定也就随之变得具有文化品位，这一时期最具特色的品饮方式肯定是点茶和斗茶。在此之外，茶具的组成也有了明显变化，茶具的固定组合为茶碗和茶壶。宋朝的汝、官、哥、定、钧五大名窑的青瓷茶具也极其流行。

明清两代，散茶也开始流行，这个时候喝茶的方式还是以泡饮为主，茶具进一步简化成壶和杯，与之相对应的却是制作工艺的大幅度提升，茶具的品质越来越好。当然也是在这个时期，紫砂壶那优越的宜茶性，以及精妙的制作工艺，令其在各种材质的茶具中脱颖而出，并最终变成了宫廷和民间都很喜爱的饮茶用具。

“茶圣”与“茶经”

陆羽（公元 733~804 年），字鸿渐，唐朝复州竟陵（今湖北天门）人。陆羽一生爱茶，并且极其精通茶道。公元 758 年，陆羽来到升州（今江苏南京），居住在栖霞寺，并且在此钻研茶事。公元 760 年，他来了苕溪（今属浙江吴兴），并且隐居山间，更深入农家之中，采茶觅泉，评茶品水，编撰了世界上第一部茶叶著作《茶经》。陆羽也被人们誉为“茶仙”，尊为“茶圣”，祀为“茶神”。

《茶经》分三卷十节，具体内容是：“一之源”“二之具”“三之造”“四

茶圣陆羽的雕像

菱花石瓢

规格：350cc

材质：底槽清

合菱壶

规格：350cc

材质：底槽清

线圆菱壶

规格：240cc

材质：紫泥

之器”“五之煮”、“六之饮”、“七之事”、“八之出”、“九之略”、“十之图”。“一之源”中说的内容包括茶树的起源及茶的性状、名称和品质等；“二之具”的主要内容则是各种采茶及制茶的用具等；“三之造”中详细叙述了茶叶的种类和采制方法；“四之器”中说的是煮茶及饮茶的各种用具；“五之煮”中详细说明了水的选择和煮茶的方法；“六之饮”中详尽描述了饮茶的风俗与各地所产茶叶的优劣；“七之事”则记下了跟茶有关的故事、产地、药效等；“八之出”中介绍了名茶的产地及茶叶品质的高低；“九之略”介绍了在一些条件下制茶和饮茶器具的选择；“十之图”则是将以上九个章节用绢素四幅或六幅画出图标。

《茶经》比较全面客观地对唐朝以前有关茶的各个方面的内容进行了一番比较完整的总结，对后来茶叶生产和茶类学的发展起到了很大的推动作用。

合欢
规格：300cc
材质：紫砂泥

斗茶文化

斗茶常被称为“斗茗”、“茗战”，这也是古代文人雅士提到的一类“雅玩”。斗茶的具体内容是评比新茶的品序，并进行比赛，这其中既要比技巧、还要斗输赢，因此非常具有趣味性。

斗茶决胜的两个主要条件是汤色和汤花。汤色也就是茶水的颜色，最低标准为纯白以上。青白、灰白、黄白就比较差了。汤花则是茶汤上面泛起的泡沫。汤花的色泽多数还是以鲜白为上，若论输赢，则是水痕出现晚者为胜，早者为负。

在斗茶的过程中，紫砂壶一般都扮演着重要角色，这一方面是因为紫砂器极好的宜茶性，另一方面也是由于紫砂器便于观察茶色，便于显现白色茶沫，因而成为斗茶者的首选。

古人斗茶图

饮茶方式的改进

古人饮茶的方式和今人的区别是很大的。在唐代之前，饮茶使用的方法是粗放式的，具体来说，就是把茶作为一种食物来烹煮，有时候还会加葱姜等调味料。陆羽在《茶经》中便有说明："饮有粗茶、散茶、末茶、饼茶者……煮之百沸，或扬令滑，或煮去沫，斯沟渠间弃水耳，而习俗不已。"从这里我们也能够明白：煮茶的办法并不可取。

神农氏是中国上古时代一位带有神话色彩的人物形象，神农氏和伏羲氏、燧人氏并称为"三皇"。据说神农氏是中国农业、医药和其他许多事物的发明者，更重要的是，他同样是中国食用茶叶的创始人。神农

瓜形

规格：450cc

材质：紫砂泥

清露

规格：450cc

材质：紫砂泥

氏不但教老百姓农业知识，还教老百姓学会识别哪些植物和药物能够食用。神农氏因为采摘草木的果实，并且尝其汁液，中毒 70 多次，都是用茶解毒。因此可以说是神农氏最早了解到了茶的药用价值，并进一步发掘了茶的药用功能。后人经过长期的实践，他还发现茶叶本身能够解毒，如果配合其他的中草药，还可以治疗多种疾病。《神农本草》记载有："茶味苦，饮之使人益思、少卧、轻身、明目。"东汉神医华佗在《食论》中描述：茶叶的味道是比较苦涩的，如果经常服食，则有利于头脑清醒、思维敏捷。明代顾元庆在《茶谱》中记录道："人饮真茶能止渴、消食、除痤、少睡、利尿、明目益思、除烦去腻，人固不可一日无茶。"这个地方把茶的药用功能讲得更加清楚和明晰。名医李时珍则从医药专家的角度概括了茶的品性和药用价值：茶味较苦，品性趋寒，用来降火是最好的，当饮下温茶后，心中的火气就会被茶汤稀释，喝热茶时火气也会随着茶汤挥发。在此之外，茶汤本身还有解酒的功能，不但能够让人神清气爽，而且能够使人不再贪睡。

说起食用茶叶，其实就是将茶叶当做一种食物，或者说是蔬菜。早

春浮雀舌

规格：500cc

材质：紫砂泥

秦鼎

规格：500cc

材质：紫砂泥

鼓子如意

规格：550cc

材质：紫砂泥

紫玉

规格：550cc

材质：紫砂泥

恒海

规格：420cc

材质：紫砂泥

高四方

规格：420cc

材质：紫砂泥

期的茶，除作为药物使用之外，多数情况下还是作为食品出现的。这些内容在前人的许多著述中都有记载。流传到现在，在饮茶的用途之外，仍旧保留了原始形态的茶食。比如说食用擂茶，其用生姜、生米、生茶叶（鲜茶叶）做成，故又名“三生汤”。

陆羽最为提倡的办法便是煎茶法，他在书中还详细叙述了煎茶的具体程序：备器、添炭、炙茶、末茶、煮水、煎茶、酌茶、饮茶。煎茶法的程序是非常完整的，基本上程序的每一个步骤都需要仔细处理，加入少许的精盐调味，也破坏不了茶叶固有的清香。到了晚唐，煎茶时连盐也不再加了，成为了完全的清饮。

煎茶法不但包含着一整套程序，而且还带有一定的文化内涵和品位追求。陆羽在提出了一整套茶文化内容后，便立即受到了文人雅士、王公贵族的广泛响应和推崇。煎茶法把我国的饮茶活动从最初的生活领域拉伸到了精神领域和艺术领域，最终结果就是极大地推动了茶文化和茶具的发展。

宋代斗茶使用的方法就是点茶法，这种方法也是当时饮茶的一种方法。点茶法不再是把茶直接放入容器中烹煮了，一般都是将饼茶碾碎，然后放到杯中或碗中，随后使用容器将水烧开，先倒入少量的沸水将碎茶调成糊状，随后注入大量的沸水，并使用“茶筅”搅动，使茶叶与水交融为一体。

点茶法已经和今天流行的泡饮方法非常接近，对比煎茶法则可以说是一种进步了，在此之后，点茶法迅速流行起来，并且发展成当时最为时尚的饮茶方法。

从明朝开始，饮茶方式又发生了较大变化。农民出身的开国皇帝朱元璋，认为点茶法过于烦琐，下令“罢造龙团，惟采茶芽以进”，也就是采用冲泡即饮的简便方法饮茶，这就是今天我们还在使用的饮茶方法了。相对于以前的饮茶方式，这种方法更加简便，可是对茶和水的品质的要求也更高了，讲究在清雅的诗境中浅尝低吟、自斟自饮。明朝人对泡茶、观察茶色、烫壶都十分讲究，因此对不吸茶香、不损茶色的紫砂茶具更加钟爱。

六方虚扁

规格：320cc

材质：底槽清

抽角四方石瓢

规格：240cc

材质：紫砂泥

清泉石上流系列一

规格：150cc

材质：紫砂泥

清泉石上流系列二

规格：350cc

材质：紫砂泥

清泉石上流系列三

规格：160cc

材质：紫砂泥

双线竹鼓

规格：420cc

材质：紫砂泥

四季如意

规格：450cc

材质：紫砂泥

茶饮习惯的发展

"茶之为饮，发乎神农氏。"这是《茶经》中对于饮茶起始者的一种描述。我们通常认为茶叶的饮用，早期以药用为主，这种饮用方法对解毒、治病的帮助甚大，之后茶才渐渐演化和发展为饮料。

饮茶的习惯到底开始于何时？众说纷纭。可是有些事实是我们可以肯定的，魏晋以前的茶叶产量非常低，因为价格昂贵，所以在当时茶叶还仅限于贵族或富豪之家使用。

到了三国和两晋时期，产茶的地区已经从巴蜀和荆楚地区扩展到其他地方了，尤其是茶叶的生产已经流传到了江南和浙江等东部沿海地区。到东晋时，茶叶已经发展为建康（今南京）和三吴（相当于今天的镇江、苏州、湖州等）地区权贵豪门用来待客的物品。这方面的内容可以依据两个典故来加以证明：

"以茶代酒"的典故来自于《三国志・吴书・韦曜传》。这是古籍当中对"以茶代酒"的一则记载。孙皓（公元 242~283 年）是三国时期吴国的第四代国君。孙皓本人奢侈荒淫，而且极度嗜酒。每次设宴的时候，在座的客人至少得饮酒七升，"虽不尽入口，皆浇灌取尽"。当时的朝臣韦曜博学多闻，也受到孙皓的器重。但韦曜酒量很小，不过二升。孙皓决定给他一个优待，"密赐茶荈以代酒"，即暗中赐给他茶来替代酒。

"茶果待客"的典故则来自于南朝宋的《晋中兴书》，书中记载了这样一个故事：晋朝人陆纳在官场为官时，以清廉俭德著称。陆纳在担任吴兴太守时，为了对抗官场的俗气，坚持用茶待客，因此也在社会上声名远扬。有一次，卫将军谢安去拜访他。当时，陆纳仅以茶和果品来招待这位贵宾，一时传为美谈。

到了南北朝时期，茶叶的生产规模和饮茶习俗均有了巨大发展。南

碗壶

规格：400cc

材质：紫砂泥

高石瓢

规格：600cc

材质：紫砂泥

四脚筋纹如意

规格：280cc

材质：紫砂泥

北朝时期，社会上的各种文化思潮都在剧烈碰撞。南朝尤其如此，因为西晋末年出现了严重的社会动乱，当时很多大族都迁移到了南方，江南生活优裕，重视文化，也促使了文化的迅速发展。随着茶叶生产规模的不断扩大和茶叶产量的提高，饮茶逐渐被普及。

茶文化的发展历程

中国是发现和利用茶叶最早的国家，时至今日已经超过数千年。茶树据称原产地位于中国的西南部，云南等地现在仍有树龄达千年以上的野生大茶树。根据史料记载，四川和湖北一带的巴蜀地区则是中华茶文化的发祥地。而且自唐代、宋代到元、明、清的各个时期，茶叶的生产

寿桃壶

规格：420cc

材质：紫砂泥

桃趣壶

规格：400cc

材质：紫砂泥

区域逐步扩大，茶文化因此也得到了进一步的发展，茶文化最终走出我国并传播到了世界各地。到现在为止，茶已经在全世界50多个国家扎了根，并且最终成为了风靡世界的三大无酒精饮料之一。

如果追溯中华茶文化的渊源，我们可以知道：神农发现了茶叶的解毒作用，并且让人们开始注意和利用茶叶，这是茶文化的根源。由此可知：中国茶的发现和利用开始于原始母系氏族社会，距今已有五六千年的历史了。《神农本草经》等古籍中记录的神农氏尝百草的神话故事，则完全印证了中国茶叶与中国文化的密切关系，它也是中华茶文化的摇篮。

碗菱

规格：480cc

材质：紫砂泥

如意吉祥

规格：300cc

材质：紫砂泥

步步高升

规格：550cc

材质：紫砂泥

富贵长寿

规格：380cc

材质：紫砂泥

到了晋代，茶叶的生产得到了巨大发展，饮茶的文化特性也更加明晰。发展到南北朝时期，茶饮得到了进一步的普及，而且在发展的过程中，带上了浓郁的文化色彩。根据文献的记载，晋代茶文化的特征主要包括以下特点：以茶待客，以茶示俭，以茶为祭，以茶入文。这个时期，茶俗也进入了日常生活，而且文人雅士将其升华，使茶这种简单的饮品被赋予了相应的文化品味，中华茶文化也在此阶段逐步萌芽。

到了唐朝，中华茶文化逐渐形成体系。茶文化的形成和唐朝的经济、文化发展有无法分割的密切联系。唐朝国力强盛，对外交往非常频繁，长安既是政治、文化中心，同时还是国际化的大都市。中华茶文化就是在这种大气候下形成的。唐朝的文化非常繁荣，这个时期佛教的发展、诗风的繁盛以及贡茶的兴起，甚至禁酒的措施，都从不同方面对茶文化的形成起到了推动作用，这也让唐朝茶文化发展对其有着里程碑时代的

岁寒三友

规格：450cc

材质：紫砂泥

大金瓜

规格：450cc

材质：紫砂泥

祝寿延年提梁壶

规格：500cc

材质：紫砂泥

祝寿延年对壶

规格：500cc

材质：紫砂泥

意义。根据文献资料，唐代茶文化包括以下几个方面的特点：茶区扩展、贸易繁荣、《茶经》问世、茶道盛行、茶入诗歌、贡茶为赐、茶税始建、茶具的专用等。

“茶兴于唐，盛于宋。”到了宋朝，茶早已经变为“家不可一日无也”的日常饮品。茶叶产品则出现了散茶，进一步改变了团茶、饼茶一统天下的局面，这个时期茶叶的产品类型包括团茶、饼茶、散茶、末茶，且茶叶的种植大面积南移，这也让茶叶的上市提早了大概一个月。宋太祖乾德二年（公元 964 年），茶叶专卖制建立，进一步促进了茶业的快速发展，饮茶的风气开始在社会上流行，除此之外，茶文化呈现出一派繁荣的景象。皇帝著书，茶风日盛、茶墨俱香，清心抒情。

到了元朝和明朝时期，中国传统的制茶方法已基本定型，这个时期置身于茶，茶书、茶画、茶诗的文人不计其数。张源的《茶录》、陆树声的《茶寮记》、许次纾的《茶疏》、文徵明的《惠山茶会话》《陆羽烹茶图》《品茶图》以及唐寅的《烹茶画卷》《事茗图》等作品都是在这个时期出现的。

到了清朝时期，中华茶文化发展得更加深入，茶和平民百姓的日常生活紧密结合在一起。比如说清末的民间，城市茶馆就非常兴盛，这种茶馆还进一步发展成社会各阶层所需的活动场所，这种茶馆结合了曲艺、诗会、戏剧和灯谜等传统民间文化艺术，进而发展为一种独特的“茶馆文化”，“客来敬茶”也成了寻常百姓的礼仪美德。

文人雅士们对茶文化的研究有了新的突破，明清时期喝茶讲究“至精至洁”，最终能够达到“返璞归真、天人合一”的境界。张源在《茶录》中曾经说过：“造时精，藏时燥，泡时洁。精、燥、洁茶道尽矣。”张大复对这些内容进行了进一步的表述：“世人品茶而不味其性，爱山水而不会其情，读书而不得其意，学佛而不破其宗。”品茶这种文化活动则是通过茶事来达到一种精神上的享受，最终也能够感受到超凡脱俗的心境，这也可以概括为天、地、人融于一体的境界。这时期的茶具追求质朴的特点，从宋朝时期崇尚使用金银等贵金属转变为崇尚陶质、瓷

天鸡壶

规格：420cc

材质：紫砂泥

卧虎藏龙

规格：400cc

材质：紫砂泥

双子缘

规格：450cc

材质：紫砂泥

铁树开花

规格：450cc

材质：紫砂泥

桃情壶

规格： 500cc

材质：紫砂泥

硕果累累

规格： 400cc

材质：紫砂泥

质茶器，这个时期的冲泡方式已经是直接冲泡了，白色茶盏对观赏汤色叶底有帮助，因此这个时期的釉器以白釉瓷为主，并最终替代了黑釉茶盏。明代正德年间，供春制作的紫砂壶“供春壶”，因其保温性能好，有助于散发与保持茶香，而且外观典雅古朴，造型朴拙，因而备受那个时期饮茶者的推崇，这个时期宜兴出产的紫砂壶最受追捧，明朝张岱的《陶庵梦忆》中就记载道：“宜兴罐以供春为上，一砂罐，直跻商彝周鼎之列而毫无愧色。”对我们来说，品茶所崇尚的“返璞归真”“天、地、人相融”的境界和陆羽倡导的“精行俭德”“和”是一脉相承的关系。

明清时期的茶叶贸易得到了迅速的发展，清朝时期，茶叶的外销量迅速增加，茶叶出口也发展为一种正式行业，茶叶也先后传到了印度尼西亚、印度、斯里兰卡、俄罗斯等国家。

1949 年 10 月中华人民共和国成立以后，我国政府采取了一系列的措施，进一步扶持茶叶生产的发展，全国范围内超过20个省、市、自治区产茶，而且产量迅速增长，并大量地出口到国外。最近 20 多年来，我国经济呈现出繁荣发展的态势，国民的生活水平也得到了迅速提高，茶文化更是飞速发展，呈现出蓬勃之势。茶叶的产量与消费都得到了相应的迅速增长，一方面是由于茶文化的繁荣及其重要地位，而从另外一方面来讲，茶的“绿色保健”功效也和人们现在追求的健康理念相契合；茶叶本身的“至清至洁”特性也和人们修身养性的追求紧密结合在了一起；茶本身的“天然生态”也迎合了当今人们返璞归真的心态；品茶“天人合一”的意境也与当今所倡导的“人、社会、自然”和谐相处和社会的可持续性发展策略相符合。

历代紫砂壶的艺术特点

宋代

宋朝（公元960~1279年）时期，我国的陶瓷业呈现出蓬勃发展的特点，南北很多名窑都相继崛起，而且各具特色。江苏的制陶业特点发生明显变化，这个时期青瓷的生产逐渐衰落了，随之而来的是日用陶器的迅速兴起，这也说明陶瓷业进入了一个新的发展阶段，这个时期的陶器胎壁较厚，胎质坚硬，内外施釉的大型陶缸和中型陶缸、钵等产品，在胎质、

专家评鉴

紫砂壶的发展历经数个朝代，在几百年的时间里，紫砂壶的外形和装饰都发生了变化，这些艺术特点的变化给我们判断各个时期的紫砂壶作品提供了不少帮助。在了解了每个时期紫砂壶的艺术特色后，进行收藏就会更加简单和容易了。

宋朝韩瓶

造型、成型制作等方面也有了进一步的发展。这个时期紫砂制品形成了以宜兴丁山、蜀山、汤渡和五圣庙为中心的两个产区，而且进一步奠定了陶都宜兴的发展根基。

现代的宜兴境内仍可以发现宋代的窑址，另外在丁蜀和张渚两个地区也有其他的发现，张渚地区的分布比较广，而且保存也很好。张渚区西渚公社的范围内，则分布着面积广大的宋代窑场。到现在这里还保留着二十多个窑墩，其中包括四五十座龙窑遗址。在此之外，西渚窑场的废品堆积同样非常多，这个地区的主要产品是一种小口溜肩带耳、形状类似鸡蛋的釉陶瓶，这种类型的陶器相传是南宋的将领韩世忠所统领的军队平时使用的行军壶或者酒壶。

南京、扬州的北宋古井和墓葬中都出现过这类釉陶瓶，据此可以推测该瓶最迟的烧制年代可追溯至北宋。这些地方的窑场除了烧制釉陶瓶，还烧制少量的盆、罐、壶和缸类器皿。现在西渚公社所在地附近，有一处地名为缸窑湾，这里出土的器物包括垫烧大缸的窑具，此外还有锯齿形的环状物，比如说大型垫座，从这些例子当中我们也可以发现该处生产缸类已有相当长的历史。在西渚窑场之外的元上公社白塔大队同样也发现了三处窑墩，这几处古窑可能都历经了元、明时期，在这些窑址还曾经发现了一种橄榄状的小口无耳釉陶瓶，这和宋朝时期的韩瓶不同，这种瓶子多发现于明朝初年的遗址中。西渚窑群在南宋初年可能是一处军用窑场，当然部分产品也有可能提供民用，在南宋的中晚期和元、明之际，这些地方出产的陶瓷则以民用为主。在宜兴丁蜀地区，由于古今窑址重叠，加之近年来废弃龙窑改建隧道窑，故宋代的窑炉遗迹已难于寻觅。但从少数几处的废品堆积来看，均是以烧造缸类为主。

明清时期

明清时期（1368~1911 年），宜兴窑场用来陈设的艺术陶器多达几十种，而且在生产规模和制作技艺上都达到了非常高的水准，具体的产品包括瓜果、动物等雕塑品，在此之外还有笔筒、砚台、笔架、镇纸、棋具等文具和娱乐品。这一时期江苏地区日用陶器的生产大多集中于手工业工场，并且进行了专业的分工。明朝时期，砂锅也逐渐在民间普及。陶工挖掘出山中白泥后，先捣碎，再经过淘漂后，使用手工方法制作成型，然后经过缸体套装，最终送入窑内焙烧。明初时期，江苏地区生产陶盆的地方仅有宜兴，品种差不多有三十多种。这其中浴盆的形体是最大的，大概能够容纳 50 千克的水，食用的汤盆则容积最小，容水量只有 1 千克左右。自从明朝永乐二年（1404 年）开始，江苏有大量的陶工缸匠北迁，江苏因此有超过一半的窑场停业，可是宜兴地区仍然继续着陶业烧造。明朝成化二十年（1484 年），政府废除了明初实行的轮班匠制（规定工匠每 3 年为官府或皇室服役 3 个月），那些工匠被遣散回籍，复起烧造，

线圆

规格：400cc

材质：紫砂泥

清朝大龙缸

江苏地区的窑业才最终得以恢复和发展。明代中叶，宜兴的丁山和蜀山一带发展成为江苏陶器的主要产地，这一时期的产品种类很多，销售区域也逐渐扩大了，甚至还出现了粗、溪、黑、黄、砂货的行会组织，这一地区也给皇室制作大龙缸，宜兴业已发展成全国日用陶瓷的重要产区，“宜兴窑”也因烧造日用陶器的名窑众多而载誉于世。

明朝的紫砂壶也进入了蓬勃发展的时期，这个时期出现的许多紫砂壶艺人，比如供春、时大彬等，这也让紫砂壶艺术正式登上了历史舞台。

祝愿

规格：550cc

材质：紫砂泥

香瓜壶

规格：550cc

材质：紫砂泥

四脚筋纹如意

规格：280cc

材质：紫砂泥

竹福

规格：380cc

材质：紫砂泥

明万历年间（1573~1619年），紫砂壶现存的三大壶式（筋纹型、自然型、几何型）都已全面成型，而且还有上佳的作品问世，从这方面来说，紫砂壶已积累了更多的文化艺术特质。也因为这样，万历年间成了紫砂壶历史上的第一个鼎盛时期。

明朝的紫砂壶造型更多地借鉴了铜锡器皿的造型特色，筋纹器的造型相对比较常见。明式的家具风格主要为简洁凝重，这种艺术风格对紫砂陶艺的影响同样深刻。明朝的紫砂壶整体风格和造型上偏向厚重，在比例上十分协调，在泥质颗粒上则比较粗。

清朝紫砂业发展得非常快。仅仅在康熙、雍正、乾隆三朝时期，紫砂壶的品种数量就已经迅速增加了，生产的种类除了壶、杯等茶具外，还包括花盆、玩具、雅玩陈设等。紫砂壶这时候的形制也趋向于多姿多彩，类

清朝时期的紫砂茶叶罐

莲生贵子

规格：400cc

材质：紫砂泥

望子成龙

规格：400cc

材质：紫砂泥

祥壶

规格：500cc

材质：紫砂泥

似的样子有仿古形、花果形、几何形等壶式。泥料在配色上同样也很丰富，其中朱泥和紫色占据了主要位置，在此之外还包括白泥、乌泥、黄泥、梨皮泥、松花泥等多种色泽；在制壶工艺和手法方面的创造和发明也很多。

精湛的紫砂壶工艺也让紫砂壶备受皇室青睐，很多紫砂壶因此成为贡品被进贡到宫廷。这一时期，一些奢侈的装饰手法，包括泥绘、描金、彩釉、炉均、堆贴、簇印等也都出现了。乾隆时期的造办处档案里还可以查到关于宜兴紫砂壶的记录：乾隆二十三年（1758 年）十月五日“苏州织造……送到……宜兴壶四件”。现在，北京故宫博物院还藏有乾隆时期的御制诗紫砂壶以及紫砂茶叶罐等，在此之外，还保存了乾隆外出时携带的一套紫砂茶具。这套紫砂茶具使用藤编提盒盛装，包括火炉、茶壶和茶罐等。

嘉庆和道光年间，紫砂壶在形制和装饰上都出现了很大的改变，这个时期文人更加积极地参与到紫砂壶的设计中来，从而导致了这方面的变革。对于文人参加紫砂壶艺设计的事情，以前的朝代也有，可是到了这一时期则更加多见，甚至变成了紫砂壶设计艺术的的主流，这些现象对紫砂壶艺的发展起到了很大的推动作用。这个时期艺人烧制紫砂壶基本都放弃了追求精巧的风气，紫砂壶整体风格也渐渐变得典雅古朴，这一时期装饰的手段主要包括书法、绘画、篆刻等。也因为这样，紫砂壶的器形同样以几何形为主，这种壶的整体装饰风格基本就是保持简练的线条，保证光洁面能有更大的面积，在刻画装饰手段方面则多使用书法、绘画、篆刻等方式，这些技艺的使用使紫砂壶的文雅气质更加浓烈。

清代的紫砂大师很多，比较著名的有陈鸣远、邵大亨、黄玉麟、邵大赦、何心舟、王东石、蒋德林、吴阿根、蒋万丰等。

民国时期

民国时期紫砂壶生产的状况与近代中国的命运非常相似。

清朝末年到民国初期，紫砂业的发展非常缓慢。这个时期主要是一

民国壶匠蒋萃丰制作：瓜棱形紫砂壶

规格：550cc

材质：紫砂

个商家对宜兴紫砂壶的生产起到了影响作用，这个时期紫砂的门店遍布上海、宜兴、无锡、天津、杭州等城市，多是在宜兴地区进行紫砂壶定制，雇佣知名艺人进行制作，这一时期的宜兴紫砂壶畅销于国内的各大城市，此外还销售到日本、东南亚以及欧美等区域。这一时期知名的紫砂壶商号有：陈鼎和、铁画轩、吴德盛、毛顺兴。

民国时期紫砂壶的样式还是沿袭清代，公司新设计的壶式并不多，壶艺的制作还是倾向于刻画装饰。而在内容方面则以摹刻名画、以及不同书体的书法、碑版、青铜器铭文、砖瓦古陶文等为主。这个时期紫砂壶制作的大家非常之多，如程寿珍、俞国良、范大生、李宝珍、汪宝根等。这些名家的技艺都十分精妙，也非常擅长模仿，这个时期也是佳作辈出，一些杰出的作品还在国际博览会上获了奖。直到抗战爆发前，紫砂业整

体形势还是在向前发展的，行当整体也很繁荣。 抗日战争爆发后，宜兴以及全国的紫砂业都进入了低谷期。宜兴的十条龙窑里有七条被日寇和国民党军改建成碉堡，紫砂生产的工厂大部分被毁，这一时期很多紫砂大师都死于贫病之中，整个行业的从业人员最惨时仅剩二十多人，紫砂艺术几乎濒临绝迹。

当代紫砂壶

新中国成立以来，紫砂业开始恢复和发展。这个时期很多紫砂艺人都在政府的组织下回到了宜兴，并且重新开始制造紫砂壶，这一时期，

金瓜

规格：4500cc

材质：老紫泥

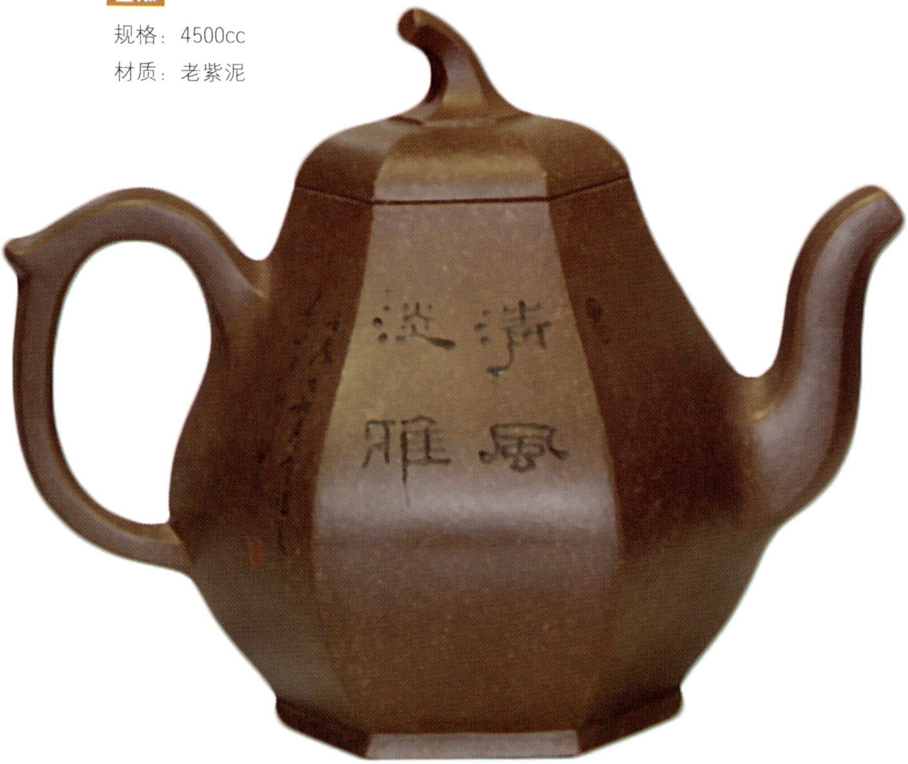

紫砂艺人也在迅速增加。

进入“文革”时期，紫砂业再次进入低谷期，这个时期以紫砂壶为代表的高雅艺术品不再受重视。“文革”结束后，紫砂壶在外销市场上得到了巨大发展，这段时间也是紫砂业发展史上前所未有的良好时期。20世纪70年代，紫砂壶的生产进入了一个全新的历史时期，这个时期同样出现了许多紫砂大师，并逐渐引起了人们对紫砂壶的兴趣，这个时期港台、东南亚地区还掀起了紫砂收藏的热潮。

20世纪80年代起，紫砂艺人在创作时进一步融合了西方先进的艺术观念，开拓了紫砂艺术的新天地。这一时期的艺术家一方面有较高的文化水平，另一方面同样有超凡的艺术造诣，代表人物包括高海庚、徐秀棠等，在绘画、文学、金石学家们的支持和参与下，紫砂壶的创作同样

菱花线圆壶

规格：450cc

材质：朱泥

名仕四方

规格：400cc

材质：底槽清

推陈出新，这一时期紫砂器的生产和创作出现了前所未有的兴盛局面。

这一时期，国内比较著名的艺术院校，比如中央工艺美术学院、景德镇陶瓷学院、南京艺术学院等很多艺术院校也相继开办了许多短期的培训班和进修班。这个时期紫砂的创作融合了当代的艺术思潮和设计思想，同样也促进了紫砂业的发展。

这个时期的紫砂创作更注重个性，也因为这样，在器形上和传统的紫砂形成了鲜明对比。传统紫砂壶具有一个显著的特点，那就是仿制。“千人仿一壶”是传统紫砂中常见的现象，模仿的境界从形似到神似，从中求得变革和突破，最终建立自我风格。每当新壶式在业内出了名，大家

天际

规格：400cc

材质：鱼子泥

百花争艳

规格：380cc

材质：紫泥

均会进行仿制。很多紫砂艺人一生都在仿制，仅仅在壶嘴、壶盖、壶把上进行微小调整作为创新。而当代紫砂陶艺则摒弃了这一思想，强调个性的张扬，强调有感而发，从而使紫砂陶业呈现出别样的繁荣。

海豚

规格：380cc

材质：清水泥

Redware

紫砂壶的制作流程

同一类事物，往往都有好坏优劣之分，在紫砂壶收藏的问题上，同样也是这样。对收藏者来说，紫砂壶并不是一件简简单单的茶具，对紫砂壶了解比较明确的人们，都清楚每一件紫砂壶作品，都是由不同的工艺制作烧制成的 ，制作完毕后还要进行装饰，整个过程需要花费制作者大量的精力和心血，在鉴赏一件紫砂壶作品时，我们需要注意这些方面。

紫砂壶制作工艺鉴赏

紫砂壶的成型要通过手工进行制作。艺人大多使用对立统一的规律来处理紫砂壶在造型方面的比例关系以及形式的变化，一般来说成型的方法有两个：一是重复的方法，这种方法就是于统一之中追求变化；二是运动对比，这就是在变化中寻求统一。当紫砂壶制坯成型时，圆形的器皿多数情况下使用“打身筒”方法制成。如果使用这种方法进行制作，其圆正度与轮制的圆器无异。紫砂壶当中的方形器皿，需要用到“镶身筒”手法，这种工艺结合了工序与陶板（只有在宜兴陶艺中才有这种细致的工序），这就是我们所说的“意至器生，因穷得变”。

专家评鉴

很多朋友平时很少喝茶，自然对于茶壶等茶具的了解不多，在紫砂壶的鉴赏方面，经常喝茶的朋友可能会有更多的了解。在古代，紫砂壶作为一种很受推崇的茶具，自然在制造工艺上有其独特之处，不用仔细区分，便可将紫砂壶的制造工艺和其他普通茶壶区别开来。

石瓢提梁

规格：400cc

材质：红皮

紫砂茗壶的刻画装饰也是由紫砂艺人进行署名落款并随之发展起来的一种装饰形式，这种装饰手法最早见于元代壶铭的“且吃茶，清隐”五字草书。在明朝时期，供春、时大彬等名家制作的紫砂壶上都会刻下作者的姓名以及制作年代，雕刻的位置大部分都是壶底或壶盖的子口，以及壶把下方等不显眼的地方。之后因为茶事的兴盛以及紫砂壶的社会影响，艺人也开始追求书法艺术和铭刻的趣味，在壶上落款题刻就是一个例子，这一时期紫砂壶的制作引起了很多精通品赏的书画家、金石家以及文人墨客的注意，这一期间订制壶和挥毫饰壶的情况很多见。除此之外，装饰部位多集中在壶的肩、腹、盖面等比较明显的位置。铭刻的内容包括诗句，以及仿商周青铜器铭文。绘画艺术则有梅、兰、竹、菊、

汉方

规格：550cc

材质：底槽清

山水、人物等。这种艺术风格的茶器就包括“曼生壶”，通常将诗书画集在一起，这样的作品同样很常见。清朝末期，紫砂壶艺在生产规模上得到了迅速扩大，此外在刻画装饰上也逐渐形成了专业的队伍，这同样属于紫砂工艺流程当中的必备工序，而且已流传至今。

紫砂茗壶多数情况下都不上釉，完全还原本色。清朝的乾隆到嘉庆时期，也曾经在紫砂壶上挂釉，并且使用珐琅和粉彩描绘图案。另外还在壶表进行包锡、镶玉以及描金，除此之外还有使用本色泥在紫褐色壶体上进行绘画的泥绘工艺。

当代的紫砂茗壶有一些工艺美术特点：利用紫砂泥可塑性强的特点，

把丰富的艺术想象加以立体化。这种茶具不仅厚薄有度，而且使用顺手。在制壶工艺上，紫砂壶的造型艺术则是与装饰艺术紧密结合在了一起，胎体珠圆玉润；方器线面挺括，轮廓分明；筋纹器节奏有序，纹理精巧；塑器肖形状物，理趣兼备，这种造型的塑造体现了完美的艺术法则。另外紫砂壶在装饰上还多使用诗词歌赋、以及花鸟山水及图案人物等方式，在艺术手法方面融合了文学、书法、绘画、篆刻等方面，这让紫砂壶艺更加传神，在饮茶之余也可以陶情冶性。

当代的紫砂壶综合了制作技术及装饰艺术，充分总结吸收了前人经验，并进行了发展和创新。在泥色的调配方面更加简洁和自如；纹饰方面则采用了浅浮雕、印花、贴花、书画镌刻及金银丝镶嵌等新工艺；造型方面的创新尤其别致。新时期壶艺制作者的作品，一方面仿创结合，构思新颖，另一方面制作工艺水平极高，有一种百品竞艳的感觉，这些

平盖莲子壶

规格：500cc

材质：紫砂泥

鸣远传炉壶

规格：550cc

材质：紫砂泥

作品无疑也把紫砂壶艺术推向了一个新高度。师从顾景舟大师的李昌鸿、沈蘧华二人合制、沈汉生陶刻的“紫砂竹简茶具”，以及顾绍培制作、谭泉海陶刻的“紫砂百寿瓶”，都获得了1984年春季莱比锡国际博览会金质奖章。1991年，宜兴紫砂工艺厂送展的系列紫砂茶具，荣获了首届北京国际博览会金质奖章，这也充分突显了中国紫砂壶的优秀艺术风采。

制作工艺的历史变迁

宜兴紫砂陶综合了陶瓷工艺和器皿造型，以及雕塑、绘画、书法、文学、金石等艺术门类，它的发展经历了以下几个阶段：

潘壶

规格：450cc

材质：紫砂泥

初创期

从宋朝到明朝的正德年间属于草创时期。

1976 年，宜兴的羊角山古窑遗址曾经出土了大量的紫砂残片。经南京大学历史系和南京博物院鉴定，这座古窑址建立的时期为北宋。1966

专家评鉴

紫砂器作为一种传统的手工艺品，因为其不可复制性而具有独特的收藏价值。紫砂器的制作往往是以师徒相授的技艺来进行，但是即使是同一位师傅教授出来的徒弟，也会有比较鲜明的风格差异，这些风格差异会很明显地凸显在工艺特点上。

香玉瓶

规格：500cc

材质：紫砂泥

年南京发现的吴经墓中也出土了一件紫砂提梁壶，在造型和制作技法上和羊角山宋窑残器的拼复件进行比照，证明它们是一脉相承。宋朝的诗人欧阳修、梅尧臣在诗作中也屡次提到紫砂茶具，明正德见诸文献的出色艺人包括金沙寺僧和供春等。

成熟期

明朝嘉靖到万历年间，是宜兴紫砂的成熟时期。

这个时期的著名艺人董翰、赵梁、元畅、时鹏曾被称为“四大家”，在此之后则有时大彬、李仲芳、徐友泉“三大家”。三人之中时大彬最负盛名。这一时期的制壶工艺完善了早期的办法，全部改用槌片、围圈、打身筒的成型法和泥片镶接成型法，这一时期紫砂的制作工艺也上了一个新台阶。

繁荣期

明朝末期到清朝年间，是紫砂工艺的繁荣发展时期。

明末到清朝的雍正乾隆时期（17 世纪晚期到 18 世纪初期），紫砂工艺在装饰上花样翻新，图案造型也出现了新的发展。明末项圣思制作的“桃杯”（现存南京博物院），制作技巧非常高超，形象制作完善，结构精密，属于紫砂制品中的瑰宝。紫砂在这个时期的代表大师是康熙晚期的陈鸣远，这位大师的作品在技巧和创意方面非常出色。19 世纪早期的紫砂风格出现了重大转变，这个时期的学者陈鸿寿（号曼生），第一次将篆刻的艺术手法运用到了紫砂壶上。清朝道光、咸丰年间，最知名的紫砂艺人则是邵大亨，他的作品选泥精炼、造型深邃、技艺高超，开一代纤巧糜繁之风，赢得盛誉。

玉立壶

规格：550cc

材质：紫砂泥

鼎盛期

近代到现在，宜兴的紫砂工艺最终到达鼎盛时期。

现代紫砂壶艺从泥料质地到工艺流程方面均有发展，在科研和流派创新方面的进展也非常明显，著名的制作者包括黄玉麟、裴石民、朱可心、顾景舟、蒋蓉、汪寅仙等。顾景舟的作品因为线条顺畅温柔，气势浑厚磅礴，堪称“壶艺泰斗”。

历代紫砂名人使用宜兴得天独厚的紫砂资源，结合自身的智慧，最终给了紫砂壶更多的艺术美感，创作出了富有民族、文化特色和艺术生命的紫砂陶艺珍品。近年来，著名书画艺术家刘海粟、李可染、唐云、程十发、韩美林等也都为紫砂作品撰写铭文，题诗作画，并自创新款，使紫砂的艺术境界和文化层次有了新的升华。

制作工具

紫砂的成型工具可以分成两种，一种属于常用工具，也就是制壶必须用的工具。另外一种则属于制作某种造型配置的专用器具，此类工具，

制壶常用工具

福寿双全

规格：400cc

材质：紫砂泥

也是壶艺家自己加工制成的。这类工具的材质包括：铁、木、铜、竹、牛角、皮革、塑料等。这些工具是无数紫砂艺人智慧的结晶，同样也是紫砂艺人在制作时不可缺少的助手。

（1）搭子：这种工具使用檀木、枣木、红木等硬质木制成，一般用来打泥条、泥片、捶泥。

（2）竹拍子：以竹为材料，依据用途的不同，在大小和形制方面也有差异。这种拍子可以用来拍身筒，处理壶内细部，也属于常备工具。

（3）鳑鲏刀、牙子、挖嘴刀、开口刀：这类工具以钢铁为材质制成，而且刀刃锋利，对于切削泥片非常有利。这种刀具一般呈小鱼和柳叶状，用途极广，每个角度皆有其功能。

（4）木拍子：用柏树、枣木、红木等硬质木制成，用这种工具可以将圆壶身筒、方器的平面做得更平整，可以依据壶体的大小决定木拍子

母子情葡萄桩

规格：500cc

材质：紫砂泥

松树葡萄桩

规格：450cc

材质：紫砂泥

的尺度。

（5）尖刀、滴棒：以金属、竹木、塑料为材质进行制作，依据壶的用途可以用其修饰壶平面，能够转折打光壶的局部和细节部分。

（6）各种矩车：包括规车、墙车及特殊规格用途的矩车，这种工具有圆规的功能，主要用于裁制泥片。由竹、木、铁钉制成，调整固定件高低，可取得特殊功能。

（7）线梗：俗称丝尺，一般使用牛角、竹、木等材质做成。依据形制的不同要求进行具体操作，这是一种专用工具，专用于清理壶上的各种凹凸装饰线，使线面挺括、均正、光洁。

（8）复只、勒只：用竹、牛角制成，复只、勒只配套使用，用于泥片间脂泥交接，交合线转折，使其光挺。

（9）明针：也称为牛角片，这种工具使用牛角制成，而且能够刮削成不同的厚薄，且有弹性。用于加工打光壶身、壶嘴、壶把、壶盖、壶钮、筋纹等光滑细腻的表面，是制作紫砂壶时必不可少的工具。

（10）虚坨、瓢只：虚坨俗称凸型秤，用石膏、紫砂泥制作，是用于壶凸面的辅助模具。瓢只俗称凹型秤，是用于制壶凹面的辅助模具。

（11）木转盘、辘轳：制壶时打身筒及制壶全过程的辅助工具。

（12）篾只：一般是竹类材质，用这种工具可以规整壶身、壶盖的弧度。

（13）泥扦尺：是用来起泥条和大片子的，用节距较长的竹片做成，从柄到头要逐渐薄下去，并且要慢慢狭窄，背面要平正，口要齐，一面成口状。

（14）勒只：用来勒光口颈，底足与身筒交接处的工具，材料为牛角、竹木，金属等。它可根据不同的角度、弧度来加工形状。

（15）篦子：用于整形，可以使用竹筒片或木板进行制作，它可以根据不同造型的外轮廓（抛物面）来加工不同的弧度，使其基本形与壶外形相合。篦子种类很多，不同的弧度需要不同的篦子。

（16）覆只：用来覆子泥的。通常都使用 2 到 3 毫米厚的竹片或明针做成，覆只的角度要比造型的角度大一点，留有加工余地。

（17）独个：用作圆眼。圆嘴的工具，质地可为竹，牛角、象牙、硬质木料等。独个分为两类，一类属于一头尖一头平，另一类则属于两头尖一头粗一头细。

（18）水笔帚：用布扎成的用于带水的传统小工具，现在多用毛笔或斗笔代替。

除上面列举的工具之外，还有一些工具，比如泥灯（工作台）、顶柱（打印章用）、木郎头、盖座（加工盖子时用）等。

紫砂壶的制作流程

紫砂壶的制作需要经过几十种工艺流程后，才能最终入窑进行烧制。下面就来简单介绍一下其制作过程：

笑樱

规格：500cc

材质：紫砂泥

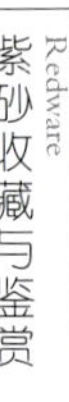

蟠桃茶具

规格：450cc

材质：紫砂泥

（1）制作泥板，保证泥板的厚度和之后制作的茶壶厚度相当；

（2）用尺画出壶身的高度；

（3）再画出壶盖内盖颈的高度；

（4）制作 4 块圆形的泥板；

（5）这 4 块泥板的用途分别为：壶身，壶底，壶颈，壶盖。

（6）用圆规画出所要制作的茶壶的大小；

（7）取壶身的泥板，量出所需要的长度；

（8）相邻的地方涂上紫砂泥，然后进行接合。

（9）根据壶身拍出所要的茶壶形状；

（10）量出壶底大小，画出壶底大小的泥板备用；

（11）在壶底处涂上紫砂泥；

（12）安装壶底；

步步高升

规格：300cc

材质：紫砂泥

小鸭子壶

规格：220cc

材质：紫砂泥

（13）将接缝处修饰完整；

（14）将其反转过来，取出茶壶大小的水泥板；

（15）修饰壶底的接缝；

（16）把壶底的接缝进行一番修饰；

（17）依以上的步骤作出完整的壶身；

（18）进一步修饰做成的壶身；

（19）分别划出壶颈及壶底的两片；

（20）把壶颈及壶底连接在壶身泥板上；

（21）量出壶盖的大小，划出壶盖泥板备用；

（22）把做好的壶身静静放置并晾干；

（23）用手把泥板做成凸透镜形状的壶盖；

（24）用工具修饰壶盖边缘，再接上壶盖的颈；

（25）用手工捏出壶嘴；

（26）把壶嘴安装在壶身上；

（27）揉出一泥条制作壶把；

（28）接上壶把；

（29）揉出壶盖扭大小的泥条；

（30）用工具修饰出壶盖钮的形状；

（31）将做好的壶盖钮切下；

（32）接上壶盖钮，待其阴干之后做最后的修饰；

（33）拍出其他的小泥片，可作茶壶的造型之用；

（34）将手工作好的叶片，贴在茶壶上作各种不同的造型。

不同类型的紫砂壶的制作

宜兴紫砂壶按照制作外形的不同可以分成仿生类花货壶、筋纹类壶和几何形壶。

几何形壶俗称“光货”。在提起“光货”紫砂壶时，就不得不说清

事事如意

规格：300cc

材质：紫砂泥

莲子壶

规格：300cc

材质：紫砂泥

丰收壶

规格：400cc

材质：紫砂泥

圣方壶

规格：400cc

材质：紫砂泥

代名家陈曼生所创作的“曼生十八式”，这种“曼生壶”对这类造型茶壶的影响是非常深远的。“光货”紫砂壶从名字就可以想出这种紫砂壶的形状，这种壶的基本造型为几何形体。另外还比较追求立面的线条和平面的形态。几何形紫砂壶多数为圆器和方器两种。

圆器的外形特点包括“圆、稳、匀、正”，这种器物的造型特点被称为“柔中寓刚”，在看起来很圆润的同时，又具有变化，壶体本身和附件的大小、曲直要做到协调一致，比例还要把握好，整个造型既端正又不流于平庸。这种壶的传统造型包括：掇球壶、仿古壶、井栏壶。

方器造型的特点则是鲜明刚毅，在器皿的线条上要做到平整，而且轮廓的线条也要分明，不管是哪种方器的造型，在口盖的设计上都要规矩划一，无论从何种方向转动壶盖，壶盖要始终严丝合缝。方器的传统造型则包括四方桥顶壶、传炉壶等，这些造型都是紫砂方器茶壶中的常见类型。

紫砂器各部分的工艺处理

紫砂壶的泥色是多样的，造型也是各异的，古人也曾经说过“方非一式，圆不一相”。此外，紫砂壶不同部分的工艺处理也是非常讲究的。

紫砂壶在口盖设计上的风格可以说是千变万化，可是总体来说还是可以分成嵌盖、压盖和压截盖三种。

（1）嵌盖：这种风格就是壶盖陷入壶口的一种样式，嵌盖的类型有平嵌盖（如井栏壶）、凹嵌盖（如橄榄壶）、凸嵌盖（如鱼罩壶）等。这种壶盖的特点是口盖平整和壶身严丝合缝；

（2）压盖：这种壶盖则是覆压在壶口的上面。具体类型有双线压盖（如掇球壶）、单线压盖（如素身裙脚圆壶）等，这种壶盖的要求包括：口盖平整能够自由扭转、口线多数情况下不能超过盖线；

（3）压截盖：这种壶盖就类似看到一个完整的壶体，然后上面被割下来一小部分作为壶盖。制作这种类型的茶壶，技术性要求较高，在制作时要分别制作壶身和盖子，合盖以后不仅大小要吻合，外轮廓线也要顺畅

渔翁纽壶

规格：230cc

材质：紫砂泥

国宝熊猫

规格：450cc

材质：紫砂泥

丰硕壶

规格：400cc

材质：紫砂泥

六方井泉

规格：400cc

材质：紫砂泥

花蕾壶

规格：450cc

材质：紫砂泥

清韵壶

规格：450cc

材质：紫砂泥

（如玉笠壶）。

紫砂壶的壶钮基本用途是为了更方便地揭壶盖。一般说来，圆器的紫砂壶常用到的壶钮类型包括球型、桥型、牛鼻型等，有些情况下要保证壶钮和身筒协调，就会压缩壶的身筒，然后经过简化就成了壶的壶钮，当壶的形体更高时，壶钮的形体也要相应变高（如橄榄壶），壶的形体趋向扁平时，壶钮的形体同样也要变得扁平。可是在一些情况下，一些人也会考虑将壶钮和壶的形体作鲜明的对比，反其道而行之，这样制作出来的壶也很有特色，这种处理方式比较特殊。

夺魁壶

规格：500cc

材质：紫砂泥

紫砂壶在壶嘴和壶把方面，包括形态和大小比例以及安装的内容都有更多的细节讲究，当然这些内容同样是茶壶造型需要仔细处理的部分，细节必须要和壶体的气势协调一致才行。

壶嘴的类型可以按照弯曲程度进行分析，多数情况下包括直嘴、一弯嘴、二弯嘴、三弯嘴和流嘴五种。一弯嘴和鸟喙很像，一般比较短，这种壶嘴多安装在壶身的上部；二弯嘴和三弯嘴在多数情况下安装在身筒侧壁接近垂直的立面上，相对而言位置都比较低，一般情况下出水更容易、流畅。流嘴又名为“鸭嘴”，这种壶嘴集中运用于壶口较大和身筒直径很接近，基本上没有壶肩的壶艺款式上面。这种壶形类似于壶口一侧附加一个半漏斗状的形体，一般这类设计比较简单方便，而且壶嘴

高瞻远瞩提梁壶
规格：400cc
材质：紫砂泥

向外伸展的幅度较小，因此看起来整体性很好。

茶壶的壶把的作用是为了提取和斟注，在壶把的形式上则包括提梁、端把、横把三种。提梁壶在形式上又有硬梁和活络梁两种，硬梁在制作方面一般都是用砂土将壶和梁同时做成，成品烧制完毕后，梁的位置和角度就固定下来不能再活动了。这种壶把的特点是形式感强，整体看起来有一种上虚下实的艺术效果。可是这种壶在包装和运输方面则多有不便。活络提梁式的壶，一般都是制坯时，于肩部制作一对能够安装提梁的攀钮。活络梁则是在茶壶烧制成成品后，将用金属丝（铜丝、银丝、不锈钢丝等）、细藤条、细竹根制作成的半圆环的提梁装在攀钮上，提取时将梁扶直，不用的时候横卧在壶肩或垂搁在壶腹上。

端把壶也多称为“执壶”，同样属于常见的紫砂壶款式。一般壶把为耳状，安装的位置在壶嘴的对面。这种茶壶拿起来的时候，重心和力点就会错开，不容易掌握平衡，比较容易晃动，可是这种壶在斟茶时比较省力。这种壶把的大小也应根据茶壶的容量来定，需要想到把手内能够放进几个手指，同时手指和身筒还要有一定的空隙，来防止手背被烫到。处理的时候要注意使壶嘴、壶把以及壶肩、壶颈之间的空间保持协调，这也是为了维持视觉上的平衡，壶把的断面需要设计成椭圆形，这样的设计不仅利于端稳壶身，而且利于减轻视觉上的笨重感。

横把也就是侧握式把，一般这种壶把安装在身筒的一侧，和壶嘴形成 90° 角。横把常被设计为一根空心圆形的柄，另外这种横把还常和鸭嘴一起设计在茶具上，把柄的位置就是斟倒时身筒旋转的中心。

紫砂壶的壶嘴、壶把和壶身连接的方法有两种，即明接和暗接。如果使用明接，那壶嘴、壶把和壶身之间的连接痕迹会很明显，因为接线清楚，所以整体看起来也利索大方。暗接法则是在连接后，于壶把和壶嘴的根部四周，使用少量的泥料进行填补，这样就能让连接的地方变得不明显，有一种浑然一体的韵味。

壶底同样属于砂壶造型里不可轻视的重要部分，在形式和尺度上都要做到细致，这样才能保证造型的美观和使用的稳妥。一般紫砂壶的壶

至尊壶

规格：350cc

材质：紫砂泥

东坡古桥

规格：350cc

材质：紫砂泥

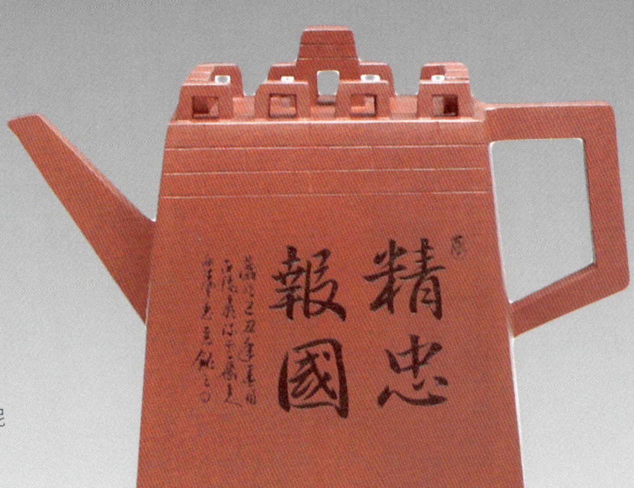

长城壶

规格：400cc

材质：紫砂泥

底在形式上可以分成三种：一捺底、加底和钉足。一捺底属于紫砂壶的特有形式，而且在圆形壶上出现得比较多，这种壶底类似于在皮球上稍用力按捺一下，使球面凹陷下去并形成一个洼窝，洼窝的四周就成为足，这种操作手法比较简单和灵巧，另外在造型上也很饱满。加底一般都是茶壶身筒做成之后，于底面增加一层泥片，一般都是挖去泥片的中间部分，然后把周围的一圈做成底足，这种壶底在紫砂壶中属于最常见的。这种壶从外面来看，壶底和身筒浑然一体，基本上看不出造型上的独立性（如井栏壶）；另一种加底的情况则不同，多数情况下能够保持线条的独立性。砂壶的加底工艺基本要求就是端正，中圈的线型或圆或方，都应清晰匀挺。钉足的设计灵感来源于鼎足。一般上小下大的锥型器形，都要使用钉足

石瓢

规格：400cc

材质：降坡泥

的形式，多数情况下这种造型都会显得简洁灵巧而不呆板。钉足通常可以分成三种形态：一种属于短柱型（如花苞壶），另一种是如意云头型（如四季如意壶），第三种则是圆钉型（如石瓢壶）。钉足多数都是先做好，再粘贴在壶底的。前两种足还可以增加一些花饰。圆钉足又叫滴水足，要求圆钉朝下的顶端像一滴水将要落下来那样，做出一个球面。这在加工工艺上确有一定难度。

总而言之，质量上乘的紫砂光器茶壶，在原料的选择上要更加纯净，保持造型的和谐和口盖严密，保证线条的挺拔和流畅，以及壶面的光洁平整，注意好细节才能提升整体效果。

报春

规格：450cc

材质：紫泥

子冶石瓢

规格：220cc

材质：本山绿泥

蛋包提梁

规格：240cc

材质：本山绿泥

西施

规格：220cc

材质：本山绿泥

紫砂壶烧制工艺鉴赏

当把紫砂壶的毛坯做得造型生动、精美后，还没有最终完成，生产中的最后一道工序——焙烧也十分重要。

通常情况下，要把陶瓷从泥土转变为陶瓷，不可忽视的内容就是高温的烧制，过去曾经有“千度成陶”的说法，紫砂陶的焙烧温度在1100~1250℃的范围内。

紫砂茶壶在烧制前还需要做好阴干的工作，一般毛坯干透后，才可以装入匣钵，然后送到燃烧室中进行焙烧。匣钵一般情况下都是耐火材料做成的小盒子，毛坯装在匣内烧制，不会变形也不会受到污染。这种

紫砂史话

紫砂泥是一种非常有趣的泥土，紫砂泥常被称为“五色土”，在搭配各种紫砂泥进行制作和烧制的过程中，不同的工艺肯定也会导致截然不同的后果。即使配制的方法是一样的，也可能因为温度的细微变化而导致成品的截然不同。所以在宜兴的紫砂窑遗址旁边，经常都有成堆的残片，这些都是紫砂壶匠人精益求精的反映。

规格：450cc

材质：紫泥

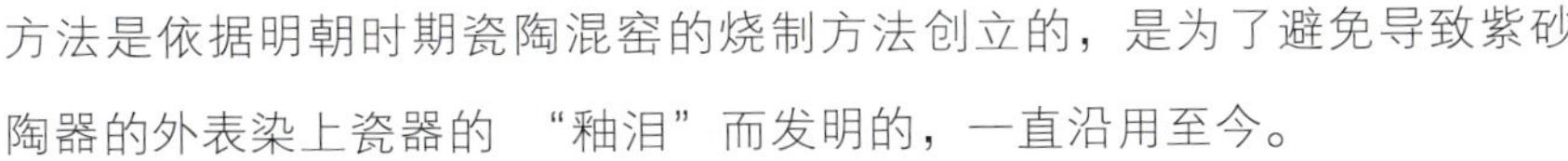

方法是依据明朝时期瓷陶混窑的烧制方法创立的，是为了避免导致紫砂陶器的外表染上瓷器的“釉泪”而发明的，一直沿用至今。

宜兴紫砂陶的烧制方法也随着时代的变化而发展。一般情况下，烧制紫砂陶器早期多使用龙窑。这种窑的外形很像一条卧在山坡上的龙。龙窑之中每隔一段距离就要开一个小洞来放燃料，烧窑用的燃料都是松柴。

现在烧制的时候多使用倒焰窑和隧道窑，这两种窑主要以煤、柴油、汽油和液化气为燃料。烧制的时候温度更高一点，所出产的陶器颜色就会更深，温度较低时，颜色也会浅一点。只有拥有良好的技术，才可以烧制出上等的紫砂陶器来。

传炉壶

规格：450cc

材质：紫砂泥

过去使用龙窑烧制紫砂壶都是凭经验，这种炼制方法的成品率低。伴随着科学的发展，使用电炉或煤气进行烧制，因为有控温的设备，所以温度把握得更好了。

紫砂壶在烧制与制作过程中要严密监控温差。每种泥料均有烧制的最佳温度，烧成的温度哪怕和最佳温度仅 5℃之差，也可能出现太老或者太嫩的缺憾，也因为这样，想要做好烧制这一步可不是那么简单的事情。

明朝晚期直至民国时期都是使用龙窑进行紫砂器的烧造。龙窑的结构比较简单，由窑炉头、窑床、窑尾组成，这种烧窑多建造在自然山坡上，用土砖筑造成许多直筒型的穹隆状隧道，从远处看很像卧着的大烟囱。一般都在烧窑的背脊两侧隔开 70~75 厘米的距离，然后开一对鳞眼洞，用来加燃料或者留意火焰的温度。烧窑时，由下向上一对鳞眼一对鳞眼地燃烧，下面进行燃烧时，上面也会被烘干，这非常合理地满足了陶瓷

井栏提梁

规格：400cc

材质：青段

的烧成升温曲线要求。烧成温度，紫砂陶在摄氏1150℃左右，其中缸类制品的烧成温度还要高上十几度。烧窑使用的柴草也十分讲究，一般都是使用茅草，那些挂釉的缸、坛、盆、罐，燃料多选择松枝。

考古调查早已发现：宜兴羊角山的早期紫砂窑址就是小龙窑。明清时代基本上也是用龙窑烧造紫砂器。

那些专门烧造紫砂陶的龙窑，一般都有三四个窑门，窑身比烧制缸、瓮、坛、罐类的陶窑更高。在窑屋内把坯体装在匣钵里，可以有效避免明火射到器皿的表面进而出现“火疵”的现象。匣钵在周高起的《阳羡名壶系》中就有记载，当时被叫做”瓦囊”。匣钵包括大小不同的规格，这样也有利于满足陶坯的各种规格要求。匣钵为耐火之陶土制成。使用

古龙窑遗址

匣钵还需要在钵底与坯之间铺上一些砂子，以保证紫砂器烧成时不会粘连。每座窑间屋内，匣钵的规格、大小要统一，体形大的器物之内还可以再套小的器物，有时可以套三四层，行内称“套坯”，套满坯的匣钵可以叠摞。

装载完毕后，将匣钵挑到窑内，并且摞起来垒到龙窑窑壁的高度，每一叠称一臼，每六臼为一甲，每摞匣钵之间的缝隙要用耐火的黄沙、白土进行填补。

一般紫砂器从装窑到出窑，需要花费 10 天的时间。1958 年以后，龙窑多使用煤粉作燃料。

一般情况下，60 米长的龙窑，里面可以装下 2880 只匣钵，每个匣钵平均能够装载 9 把茶壶，一窑之中能够烧成 25920 件左右的器物。个人是无法做到这样规模的，工匠们都是把各自的坯体组合起来一起烧，最

柿圆壶

规格：450cc

材质：紫砂泥

思婷壶

规格：450cc

材质：紫砂泥

后再分账。

龙窑烧炼可能受很多因素的影响，比方说四季温差，季节变化以及茅草的多寡干湿等，甚至烧窑工技能的高低，装窑的火路是否畅通等，均会导致各种变化的出现，进而对所烧器皿的颜色产生影响。

清朝初期，宜兴的龙窑有四五十处，主要分布地区除了丁蜀镇周围以外，还包括青龙山南北麓，蠡墅，任墅石灰山，汤渡，川埠的宝山寺、上袁、潜洛等，清朝时期的紫砂通常都是同白绿釉、砂锅、水罐等日用品一起进行烧造。清朝末期时，丁蜀镇及周围的农村已经形成“家家做坯，户户业陶”的局面，这个时期的紫砂制造量是非常大的，单单是专业烧制紫砂的龙窑就有十几座。现在的宜兴，龙窑已经基本消失，但在丁山的白宕钧陶厂和陶瓷陈列馆里仍然保留着两座烧造缸坛的龙窑，宜兴丁蜀镇前墅村也有一座烧造陶罐的龙窑仍在使用。

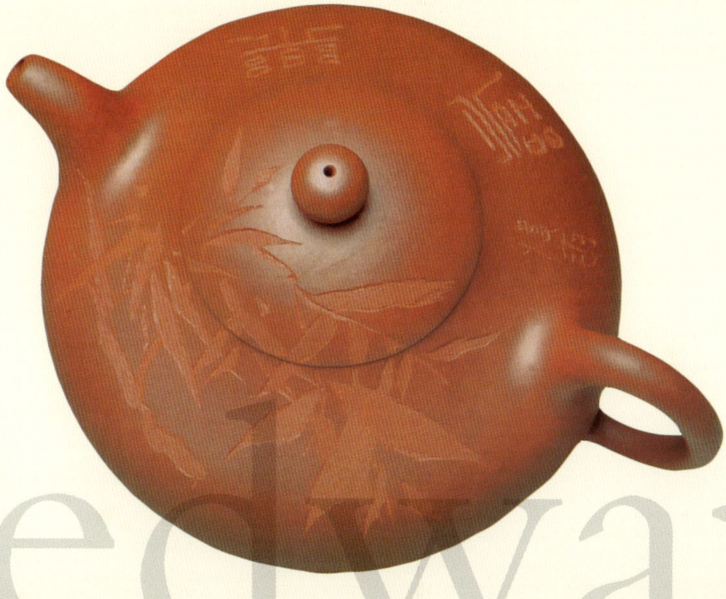

Redware

紫砂壶的艺术之美

普通的器皿在制成之后，肯定会通过各种分销渠道最终卖给消费者。紫砂器的销售却不是这样，虽然现在紫砂器尚有一些实用价值，但是多数情况下，人们更看重紫砂器的收藏价值，对刚刚进入紫砂器收藏市场的朋友们来说，没有科学合理的建议，很容易在购买和收藏紫砂器的时候出现这样和那样的问题。本书的这一章，就是针对紫砂器收藏时的各类问题进行的一些详细阐述。

紫砂壶的综合评价

紫砂壶的评价要关注三个方面的因素：形象结构的美观、制作技巧的精致和优良的实用功能。这里说的形象结构主要包括壶的嘴、把、盖、钮、脚，这些部分都应该和壶身保持恰当的比例。制作的技艺则关系着壶艺的优劣，这其中还包括火候的控制等。除此之外，还必须考虑实用的性能，在容积和重量上把握很科学的前提下，要便于执握，壶盖和壶身还要合缝，壶嘴的出水要顺畅，另外在图案上也要典雅脱俗。

那些高质量的紫砂壶，优先考虑的内容就是造型的完整。通常来说，线条要清楚明晰，另外还要棱角分明，注意使壶嘴、壶身和壶把的中心

专家评鉴

紫砂壶收藏，在古代，文人墨客是主要的收藏群体，因此也可以说紫砂器是高端人群的收藏品。现在旧紫砂壶的收藏依旧如此，可是即使这样，品质一般的紫砂壶还是可以被人们接受的，合理的收藏定位会在不影响自身经济状况的前提下，最大限度地满足收藏的需求。

思婷壶

规格：400cc

材质：紫砂泥

在一条直线上。另外，如果把壶倒置在桌子上，壶嘴、口沿、壶把的上沿必须在一个平面上。除此之外，还要细细观察出水是否流畅，注意壶的底座如何、印章、款识是否清晰。

对于紫砂壶艺的审美，综合说来包括形、神、气、态四个要素。形也就是形式美，包含作品的外轮廓；神是作品的神韵，必须是能够让人体验出来的东西；气则属于气质，紫砂壶的内涵如何、整体的色泽协调效果怎样都要考虑；态则包括形态，在评论标准方面则包括高、低、肥、瘦、刚、柔、方、圆等姿态。只有把这些气质把握好，作品才能更完美。这个时候还要区分“理”和“趣”两个方面。壶艺爱好者不应该计较壶的容积大小，以及嘴的曲直如何，盖的宜盎宜平，身段的宜高宜矮，这属于知理而无趣。艺术的欣赏应该兼顾理和趣。只有保持这样的审美态度，才能对紫砂壶做出中肯的评价，这样的评价也才能得到其他人的认可。

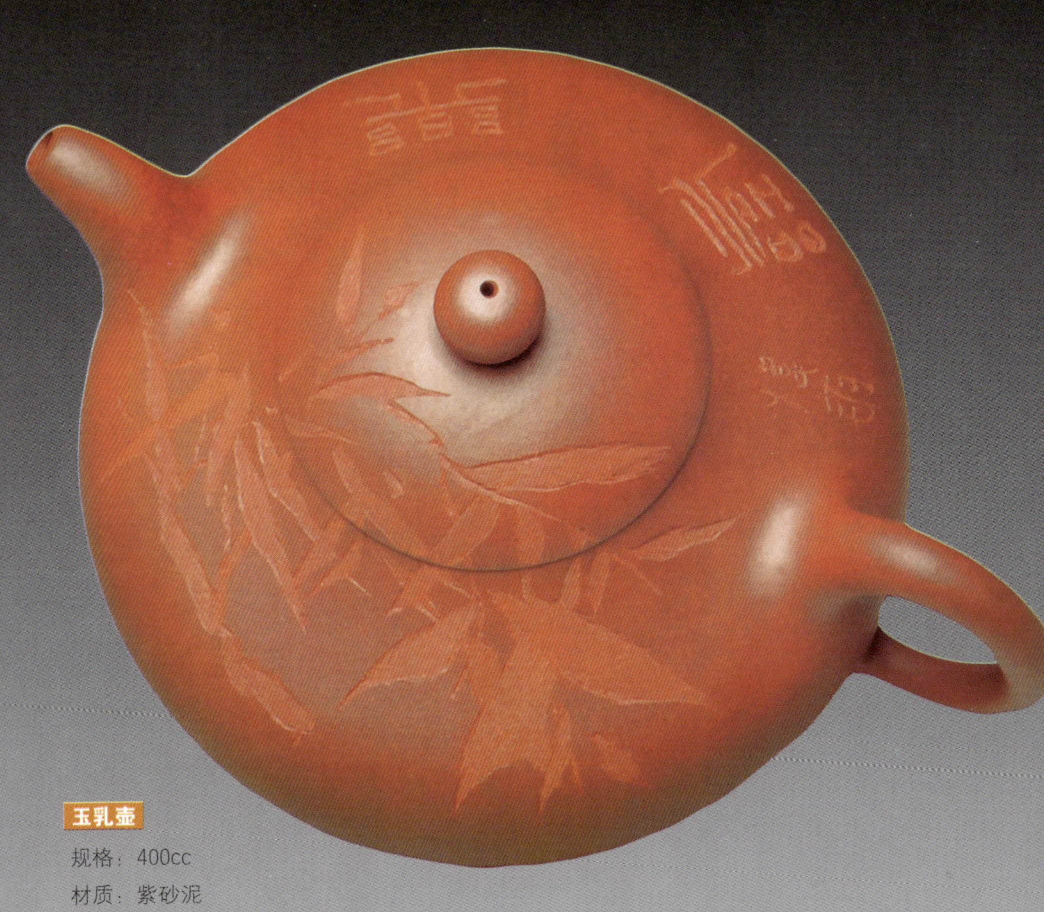

玉乳壶

规格：400cc

材质：紫砂泥

紫砂壶同时也是一件实用的工艺美术品，因此注重实用性也是必须的，使用时能够让人感到舒适，也可以提升对于这件事物的热爱。另外，我们还应该按照自己的饮茶习惯和风俗，来整体考虑壶体的容量、出水的流畅程度、执握是否省力等。

当我们对一件紫砂作品进行优劣鉴赏时，需要考虑的问题可以简单概括为："泥、形、工、款、功"。前面四个方面属于艺术标准，"功"则是功用标准，具体说来就是：

一是"泥"。紫砂壶名满天下，我们都知道紫砂壶制作工艺的高超，

玉碗壶

规格：500 cc

材质：紫砂泥

四方桥顶壶

规格：400cc

材质：紫砂泥

文：静气

可是同样不能忽视原材料——紫砂泥的优越性。从论述陶瓷的一些近代专著中可以看到一些类似的分析：紫砂原材料含有氧化铁。全国范围内含有氧化铁的泥不知道有多少，可是其他地方就没有出现紫砂，只有紫泥，这说明只有氧化铁是不够的，还应该注重紫砂的“砂”。通过科学分析，发现紫砂泥的分子结构和其他的泥区别明显，即使同是紫砂泥，在结构上也有细微的差别。原材料不同，制作出来的成品也必然不同。功能效用好的则质优，不然则质差；五官能感受好的则质优，反之则质差。所以，当我们评价紫砂壶优劣时，得先看泥的优劣。

泥色上面同样有分别，大致上可以分为黑泥、深紫泥（俗称“拼紫”）、浅紫泥（俗称“普紫”）、红泥、米黄泥、绿泥六种。两种泥料进行混合或者加入化工呈色剂，还能够制造出其他泥色。近些年来出现的冻梨泥色、墨绿泥色、古铜泥色就是这样产生的。

不过总体来说，泥色的变化，改变的仅仅是人的视觉感受，在功用和手感上并没有什么差异。紫砂壶本身具有很强的实用性，只有通过不断地抚摸，感觉才会越来越好，最终达到赏玩的目的，也因为这样，表面的感觉比泥色更重要。另外，紫砂与其他陶泥还有一个显著的不同就是手感。对于熟悉紫砂的人，即使不用看，单靠摸也能够鉴别出紫砂与非紫砂，那些非紫砂的物品手感类似于玻璃质器物，非常粘手；当我们抚摸紫砂物件时的感觉就像摸豆沙，有一种细而不腻的感觉。所以，评

香玉壶

规格：500cc

材质：紫砂泥

价一把紫砂壶，壶质表的手感是十分重要的。近年来时兴的铺砂壶，正是强调这种质表手感的产物。

用怎样的办法才能使紫砂泥的性能变得更好呢？长时间的生产实践让人们发现，手工方法炼的紫砂泥相比于工业生产的紫砂泥，不但更可以体现紫砂的本性，另外还有一些不可忽略的人情味。也因为这样，近些年来，许多制壶大家开始放弃工业化做法，转而使用手工作坊。这其中比较杰出的代表就是有“壶艺魔术师”之称的吕尧臣，他十分重视紫砂泥的质量，当紫砂工艺厂以吨为单位购进泥料的时候，他仅一两一斤地购进，对于质量特别好的泥，他总是不惜重金、不在意陈腐较长的时间，对于炼制的工序也很讲究，这让很多工艺师都赞叹：吕尧臣把“好泥”

尧臣壶

规格：350cc

材质：紫砂

都垄断了。因为这样，目前紫砂壶的原材料中最好的泥料就莫过于“尧臣壶”的原料了，它的特点概括起来就是“色不艳、质不腻”，也正因为如此，其紫砂壶的价格不断上涨。

二是“形”。紫砂壶的造型可以说是各类器皿中最丰富的，有一种说法叫“方非一式，圆不一相”。对于这些造型的评价，可以说是“仁者见仁，智者见智”，艺术的社会功能一方面要满足人们的需要，对于各种各样的人，完全不同的心理需要：有的人喜欢大度，有的人喜欢清秀，有的人偏爱古拙，有的人则喜欢趣味，这属于人各有爱，而且不能强求。不过综合市场上人们的一些爱好我们发现：一般认为古拙最佳，大度的少一些，清秀的就更少一些，趣味的再少一些。为何会如此？这是因为紫

茄段

规格：500cc

材质：紫砂泥

汉掇壶

规格：400cc

材质：紫砂泥

砂壶属于茶文化的一部分，紫砂壶的意境也暗合茶道所追求的意境。茶道追求的意境是“淡泊平和，超世脱俗”，而古拙与此最为融洽，所以古拙最佳。

很多制壶艺人都深谙此理，因此大多去模仿古拙，最终的效果往往是东施效颦，把自己作品的可爱之处也给丢掉了。艺术品可以表露制作者的心境，也能够体现个人的修养结果，简单模仿是不可行的。

我们可以结合那些遗留下来的传统造型的紫砂壶进行分析，比如说石铫、井栏、僧帽、掇球、茄段、孤菱、梅椿、仿古等，这些作品经历了时间的筛选，哪怕用今天的眼光看，依旧闪烁发光。当现代艺人进行临摹时，最终的成品同样是各不相同的。比如说石铫壶的仿造，据不完全统计，有一百多种，原因是古今艺人，都把各自不同的审美情趣融进了作品之中。

说起“形”，人们就经常把“形”与紫砂壶艺的流派联系在一起，说紫砂壶流派分“筋囊”、“花货”、“光货”等，这种分类是不准确的。即使是花货，也有不同的追求和艺术取向。艺术家的艺术作品一旦成熟，肯定具有鲜明的个人风格。类似风格的人相聚在一起，最终形成流派。根据这个道理，紫砂壶艺的流派不宜以哪类作品来划分，划分的标准应该是作者所追求的精神境界。

艺术注重的是“感觉”。评价紫砂壶造型的好坏当然也只能靠个人的感觉。制作紫砂壶讲究“等样”、“等势”，这类似于造型学中说到的“均衡”。当然面对高深的理论时，还是意会即可。俗话说：“只可意会，不可言传。”艺术感觉，全靠心的共鸣、心的理解，这就好像“心有灵犀一点通”的感觉一样。

三是“工”。中国艺术有众多相通之处，比如说京剧的舞蹈动作和国画的大写意都具有豪放的风格；京剧唱段与国画工笔也都带有严谨的感觉。紫砂壶成型的工艺与京剧唱段、国画工笔技法一样，也有着异曲同工之妙，都是十分严谨的。

点、线、面是构造三维立体物品的基础点，制作紫砂壶的形体同样

剑鞘

规格：550cc

材质：本山团泥

如此，当我们制作紫砂壶时，不能忽视的内容也在于此。面，须光则光，须毛则毛；线，须直则直，须曲则曲；点，须方则方，须圆则圆，细节上不能有任何妥协。细节做不好，那肯定不是一把好壶。紫砂壶的成型工艺非常特别，其中要求壶嘴与壶要呈一条绝对直线，同时保证分量的均衡；壶口与壶盖结合要严谨，这也是“工”的要求。

四是“款”。就是壶的款识。一般紫砂的壶款包括两个方面：一层说的内容就是壶的作者或者说题词镌铭的作者；另一层的意思则包括题词的内容（文学）、镌刻的书画，另外还有印款（金石篆刻）。紫砂壶的装饰体现着中国的传统艺术，结合了诗、书、画、印四个方面的特点。紫砂壶可观赏的地方，除了泥色、造型、制作的工艺手法外，还应该包括文学、书法、绘画、金石等多个方面，这些内容也都能给我们带来不同的享受。

紫砂壶多数情况下都是因人来定价的，名家名壶的价值肯定非常高。在商品社会里这种情况更突出。也因为这样，市场上肯定会出现众多模仿名家的作品，那些伪造成的赝品更是屡见不鲜，所以在选购的时候必须小心谨慎。

五是“功”。所谓的“功”就是指壶的功能。长久以来，紫砂壶的新品都是连续出现以至于让人目不暇接。制壶人只注重形式美，就很容易忽视其功能的作用。有些制壶人本身不饮茶，更不了解饮茶的习惯，这也影响了紫砂壶的功能，最终使壶出现“中看不中用”的情况。

紫砂壶在功能上的美感主要包括：①容量适度；②高矮得当；③口盖严谨；④出水流畅。一般情况下，我国南方地区的人们（包括港台）的饮茶习惯，大多是二至五人会饮，容量 350 毫升为最佳，其容量刚好是 4

情深得意

规格：400cc

材质：清水泥

杯左右，只需要一只手就能完成这些工作，因此称为“一手壶”。

紫砂壶的壶身高矮都有对应的优略点。高壶口小，宜泡红茶；矮壶口大，宜泡绿茶。但是这个高度必须要控制好，因为太高了可能丧失茶的味道，太矮了则可能从口盖中溢出，这都是不利的。因此对壶的口盖要求绝对不能马虎，要使冲壶水不致落入壶内，这看似与功能美关系不大，实际是为讲究卫生，也不可不提。上面提到的这些内容都属于功用的标准。

紫砂壶装饰工艺鉴赏

明代紫砂壶雕刻的时候多使用楷书，工具则是竹刀。竹刀和金属刀刻款的区别较大，很容易鉴别。竹刀的刻痕中，泥会溢向两边，高出平面，因此痕迹明显；金属刀的刻款则多在泥平面以下。

在明末清初的时候，印章款开始流行，根据对许晋侯的“六角水仙花壶”的研究，能够发现壶底有“许晋侯制”的篆文圆印，这就是印章款的较早实物，这把壶现在收藏于旧金山亚洲美术博物馆。其实这一时期的紫砂艺人基本上刻款和印章都用，比如说惠孟臣、陈鸣远制作的壶。“孟臣壶”的印章款多数情况下都是在诗词或吉祥语章之下镌刻“惠孟

紫砂史话

紫砂壶的装饰是一门很深奥的学问，想要做好紫砂壶的收藏工作，首先要注意的就是工艺鉴赏方面的问题。相对而言，不同的工艺制作出来的紫砂壶会有较大的不同，即使是类似的紫砂壶，通过不同的装饰也会有不同的效果。紫砂壶的装饰包括很多的内容，不同的装饰手法也会有不同的艺术效果，各个朝代关于装饰的风格也是有很大区别的。

纳福一粒珠

规格：350cc

材质：紫砂泥

臣”三字。陈鸣远据推测是把书法篆刻艺术运用到壶艺雕刻上的第一人。陈鸣远的印款浑朴苍劲，笔法和褚遂良非常类似，行书款识“鸣远”二字被当时的人评为“具有晋唐风格”。“鸣壶”基本都使用刻款与钤印，有些情况下还放在一起，这个现象直观反映了刻款向钤印的过渡。陈曼生承袭了陈鸣远的路子，在紫砂壶史上他首次把篆刻作为一种装饰手段运用在了壶的装饰上，“曼生壶”也因为壶铭和篆刻的特点而名扬四海。曼生壶最常见的底印是“阿曼陀室”方形印，其中在少数作品中也使用了“桑连理馆”印。而且“阿曼陀室”已经是曼生壶的专用印号了。

紫砂壶用的装饰用印包括两方，其中之一是底印，盖在壶底，这种印多数是四方形姓名章；另外还有盖印，使用在盖内，这种印多是体型小的名号印。当然一些壶的把脚下也可能使用印章，这种印章常被称为

"脚印"。清代的作品中还有一些年号印，比如说"大清乾隆年制"印，另外还有商号监制印，比如"吉德昌制"、"陈鼎和"等，商号印多见于民国时期的作品，这个时期的款识基本集中在盖上、盖内和壶底，一般情况下，壶盖上的印章款多是商号款。在壶盖上进行镌款的壶都是普通茗壶，极少有精品佳作。

紫砂壶的印章款大多使用阴刻，钤在壶上就可以变成阳文，可是阴刻的图章是印在半干泥坯上的，如遇用力过小的情况，顶端的刀痕常常不明显，必须用力才能够将印章的全部刀痕印出来；而且对于同一印章，印的力度不同，字根相同，字尖也是不尽相同的，这些情况也常给紫砂壶印鉴款识真伪的鉴定带来困难。

润玉壶

规格：450cc

材质：紫砂泥

高石瓢

规格：320cc

材质：紫砂泥

博浪推

规格：320cc

材质：紫砂泥

大亨掇只壶

规格：420cc

材质：紫砂泥

对于不加彩上釉、不包镶的紫砂器装饰，因为原料和制作方法的特点，在制作工艺中就要完成装饰，在装饰技法方面则充分吸收了明清时期瓷器、玉器、漆器、竹雕、木雕、家具等多种形式的工艺美术特点，既轻巧别致，又自成一格。

紫砂器的装饰技法包括胎土装饰、线条装饰、陶刻、贴饰泥片、添附活动缀饰、贴花雕塑、镂空透雕、泥绘堆泥、加彩上釉、包镶等。不同的装饰手法风格也不同，一些方法简洁含蓄，一些方法则繁复华丽，这也让装饰风格变得千姿百态。

明清时期书画艺术的繁盛也带动了紫砂装饰艺术的发展。那一时期的著名人物包括任伯年、吴昌硕以及陈曼生等。而在民间同样也有一种说法：“壶在字贵，字以壶传”，意思就是说一把好壶，通过雕刻装饰以后，

掇球壶

规格：400cc

材质：紫砂泥

寿桃壶

规格：500cc

材质：紫砂泥

身价才会百倍。

紫砂器的装饰手法除了最常使用的陶刻之外，还有捏塑、彩绘、镶嵌、贴花、调砂、泥绘、印板等方式。具体说到镶嵌的艺术，就包括色泥镶嵌、瓷珠、釉珠镶嵌、螺钿、玉石镶嵌、金银丝镶嵌等。

不同时期紫砂器的艺术风格

从明代至今，伴随着时代的变化，紫砂器制作的工具、步骤、最终烧制的方法都是不相同的。比如，明末清初制壶的时候，大多采用捏坯或胎的方法，一般都是先用手捏成壶形坯胎，等阴干后，将坯胎放在车盘上，经旋转车盘车成圆形，然后安装壶嘴与壶把。如果使用这种方法，捏坯和接壶嘴和壶把时，需要用手指进行按捏，通常在壶体上也能够看到指纹和较粗的竹刀痕迹，这个时期的壶因为工具的因素，多数情况下局部并没有精细的加工，壶身以及壶嘴、壶把的泥接痕迹是非常明显的。壶嘴和壶把一般也都是手捏泥修成形，因此弯曲的地方也有细小的折纹。壶盖基本也用手捏，因此在圆形壶钮和壶盖的形状方面同样不是规律工整的。精制的紫砂壶多数情况下也有用沾水的毛笔，把捏坯时出现的手纹和车胎的刀痕抹平，但是紫砂品的表面，经高温窑火烧熔，多数情况下表面上涨缩的痕迹，原有的指螺纹与刀痕仍隐约可辨认。

除了从工具和步骤进行分辨外，还能够从紫砂壶的线条和造型结构进行分析，从而判断同时期作品的相似处。一般来说，明代紫砂壶在壶风上更加优雅婉约，具有浓烈的文人气息，造型多素雅少华丽。从壶身曲线到壶把与壶嘴的制造，都是以柔美为主，有一种不愠不火的感觉，这个时期，时大彬、惠孟臣、陈用卿等名家的作品都有这类特点。在艺术风格方面受到宋明瓷器的一些影响，直到雍正、乾隆时期，瓷器和紫砂器的线条还是非常神似。通过这些我们能够明白，艺术随着时代的演变而出现变化，同时他们之间的影响与模仿也是存在的，鉴赏时要注意时代感，这样也会给鉴赏带来更大的帮助。

清朝乾隆时期出现了模印车胎手制成的壶，这种方法是将泥片放入模型内，然后处理成型，阴干后再把车胎表面做得更光滑。刚开始这种壶身都是采用模印的方法，壶嘴和壶把也都是手捏成形，后又发展至壶嘴与把皆以模具印出，然后再连接在一起。此法做出的紫砂壶，外形规整，不歪不倚，粗看一下非常精美，但是细细感受就会发现丧失了作者制壶时的灵动性，且模印车胎法较为简易，一般人都可上手，适合大量制造，因此捏坯之法已少见。

清朝乾隆年间，国富民乐，社会安定。这一时期紫砂壶的装饰风格大多采用华丽的装饰，整体艺术效果高贵富丽。这种紫砂壶的气韵开朗，而且秀丽温润，很多情况下还能给人一种亲切愉悦的感觉。嘉庆道光年间，文风鼎盛，文人也乐于参与紫砂壶的制作，其中最有名的人就有“西泠八家”之一的陈鸿寿。这个时期的壶风，形式儒雅，线条自然，而没

渊源壶

规格：350cc

材质：紫砂泥

三足鼎立

规格：400cc

材质：紫砂泥

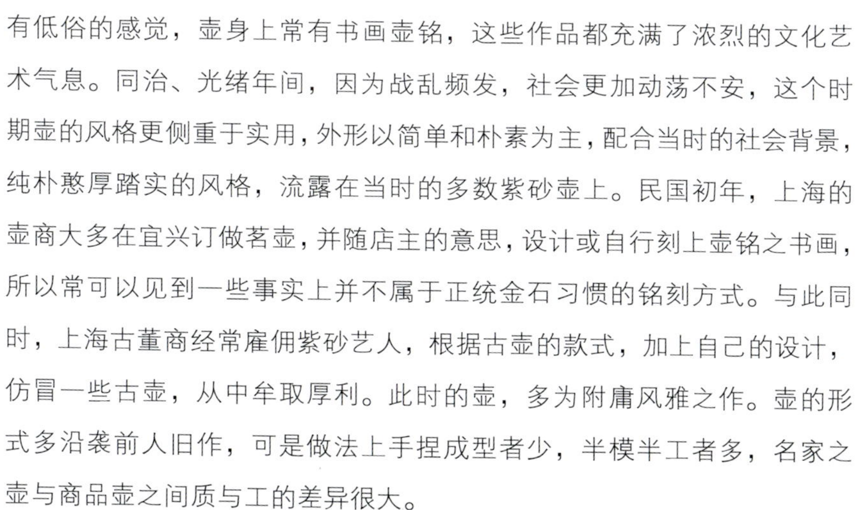

有低俗的感觉，壶身上常有书画壶铭，这些作品都充满了浓烈的文化艺术气息。同治、光绪年间，因为战乱频发，社会更加动荡不安，这个时期壶的风格更侧重于实用，外形以简单和朴素为主，配合当时的社会背景，纯朴憨厚踏实的风格，流露在当时的多数紫砂壶上。民国初年，上海的壶商大多在宜兴订做茗壶，并随店主的意思，设计或自行刻上壶铭之书画，所以常可以见到一些事实上并不属于正统金石习惯的铭刻方式。与此同时，上海古董商经常雇佣紫砂艺人，根据古壶的款式，加上自己的设计，仿冒一些古壶，从中牟取厚利。此时的壶，多为附庸风雅之作。壶的形式多沿袭前人旧作，可是做法上手捏成型者少，半模半工者多，名家之壶与商品壶之间质与工的差异很大。

现代的宜兴紫砂壶在工具与窑炉上已经取得了很大的进步，在制作的式样上更是如此，但是可以遵循古法，比如说杨彭年的手捏制壶绝技已经很少了。

胎土装饰

瓷器的釉面是瓷器结构中不可或缺的一部分，也可以看成是装饰的手法，宜兴紫砂的胎土，就类似于瓷器的釉面，胎土本身乏善可陈，因此才要用到许多装饰手法进行呈现。同样的画笔颜料，在不同画家手上会有不同的笔触和色调，紫砂器的装饰更是如此，一种胎土，在不同紫砂艺人的加工下，配制出来的泥料也不会相同，体现出千姿百态的色调和质地。综合来说，紫砂的胎土装饰包括：调配胎土、多色泥并用、掺砂、调砂、铺砂、洗砂、化妆土、绞泥等。

调配胎土

明清时期景德镇的制瓷技术发展得非常快，通过不同的配方，就能够调配出各种颜色釉：宜兴紫砂的胎土也可以利用不同的原矿进行相互调配，或者是加入氧化钴、氧化锰等矿物质，或者是变更烧成的温度，最终烧制出来的胎土色调必然是多种多样的。在《阳羡茗壶系》中，只是列举徐友泉一人的作品，色彩就包括海棠红、朱砂紫、定窑白、冷金黄、淡墨、沈香、水碧、榴皮、葵黄、闪色梨皮等琳琅满目的诸多泥色，而时大彬、周高起的色彩描述仅用了“诸土色俱足”几个字，这“俱足”二字，也明显地说明了作品泥色的多变。即使这类巧妙的工艺久已失传，而且也没有发现实物存世，可是我们仍然认为：这些记录是真实的，而非夸张地渲染，早在明朝晚期，紫砂胎土的调配工艺就已经达到了我们难以想象的工艺成熟度。

根据一些出土或存世的胎色特殊的紫砂器进行分析可以知道，紫砂泥中加入金属氧化物作为着色剂的方法在明朝时就已经出现，当然只是用得比较少，这和后来民国初年比较常见的人工调配墨绿泥、黑泥并不相同，比如说上海博物馆收藏的时大彬虚扁壶，其胎色偏墨绿。清朝早期，

四方石瓢

规格：400cc

材质：底槽清

志在四方

规格：360cc

材质：红皮龙

故宫博物院收藏的同式多色茶壶、茶叶罐，其中就有属于特别调配的胎色。大约 1920 年前后，就有了本山绿泥中加入白泥和氧化钴做成墨绿泥，紫泥中加入氧化锰拼料黑泥的做法。

多色泥并用

这种方法就是在一件器物上使用两种甚至更多不同色彩的泥料，这些泥料之间既可以形成对比，又能够交相辉映，这些方法更可以增强写实的效果，比如说棕色泥用作枝干、绿色泥用作叶片、黄色泥用作竹节等。北

壶道

规格：300cc

材质：豆青泥、黑泥

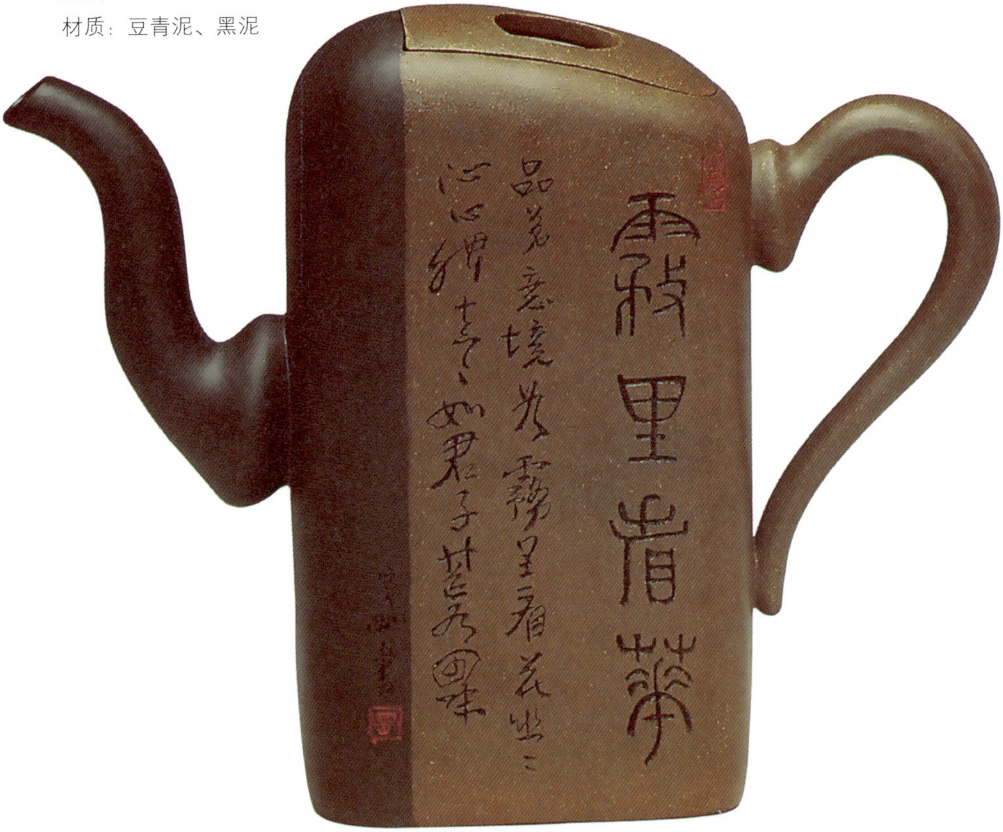

京故宫博物院中收藏了多件百果壶，清乾隆时期的双螭福寿水丞、双桃式水丞，清晚期的镶棕竹纹笔筒也都使用了这种多色泥并用的表现形式。

掺砂、调砂、铺砂、洗砂

不同于瓷器釉面，宜兴紫砂可以利用粗细不同的紫砂矿土和砂粒进行掺配，然后做出质地特别、视觉感强烈的掺砂、调砂、铺砂、洗砂等装饰。掺砂，就是在质地较细的紫砂矿土中加入一定比例的粗砂粒或细砂粒。因为底胎和砂粒的物理性质不同，最终制成的紫砂器表面会产生砂粒突出的视觉效果。调砂，就是在坯泥的配制阶段，在熟泥料中加入极少量的生泥。一般做法都是在紫泥中调入朱泥或者本山绿泥，然后进行烧制，最终紫褐色的壶胎中就会或红或黄的不同色泽隐隐出现。铺砂，就是在

抽角四方传炉

规格：320cc

材质：桂花泥

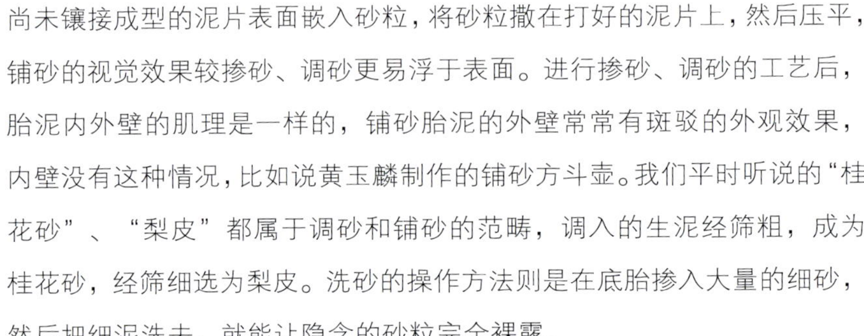

尚未镶接成型的泥片表面嵌入砂粒，将砂粒撒在打好的泥片上，然后压平，铺砂的视觉效果较掺砂、调砂更易浮于表面。进行掺砂、调砂的工艺后，胎泥内外壁的肌理是一样的，铺砂胎泥的外壁常常有斑驳的外观效果，内壁没有这种情况，比如说黄玉麟制作的铺砂方斗壶。我们平时听说的“桂花砂”、“梨皮”都属于调砂和铺砂的范畴，调入的生泥经筛粗，成为桂花砂，经筛细选为梨皮。洗砂的操作方法则是在底胎掺入大量的细砂，然后把细泥洗去，就能让隐含的砂粒完全裸露。

化妆土

这里提到的化妆土，也就是使用比较细的陶土或瓷土和水进行调和做成泥浆，然后涂在陶胎或瓷胎上，这种土一般使用在质地较粗糙或颜色较深的瓷器坯体表面，器物的表面通常只有一种薄薄的色浆，颜色包括白、红和灰等。这种工艺处理方式常被称为“陶衣”，也叫“化妆土”、“装饰土”、“护胎釉”。使用这种方法，能够改变坯体的表面颜色，进一步遮盖坯体的粗糙及缺陷。在陶瓷的制作史上，化妆土工艺在西晋时期浙江金华婺州窑里就已经有发现，东晋时期浙江德清窑等处也开始采用，南北朝起，湖南、江西、四川、河北等地的窑口也相继使用了这种工艺。

在化妆土工艺中，使用朱泥作为化妆土装饰红色系的红紫砂，属于非常常见的情况，这种手法在乾隆时期就已经开始使用了，在此之外，贡局款外销泰国的圆壶也是明显的例子。不过在晚清以前，却很少看到这类手法，民国初期，化妆土的装饰手法非常流行，降朱泥外，黑料化妆土或是墨绿泥，就属于民国初期在装饰手法上的创新，比方说胡耀庭制砖方壶。在表现手法方面，则可以分为全器表面设化妆土和局部施化妆土的做法。

绞泥

绞泥也被称作“绞胎”，这种方法一般都是用不同颜色的泥料进行揉合和挤压，最终使色泥交融在一起，最终呈现出一种自然变幻的花纹，这类花纹类似木头的纹理，有鲜明的色彩对比，这种手法借鉴了漆器、

金线龟

规格：400cc

材质：绞泥

瓷器的工艺技法。这种工艺始创于唐代，工艺制品的产地集中于山西、河南、陕西一带，唐代以后甚为少见。因为不同的泥料收缩率的差异非常明显，在控制不当的情况下非常容易产生裂痕，会影响成品的完美度，因此，此种装饰手法在紫砂器中较为少见。

根据考古发现，明代中晚期就出现了这种较大难度的装饰工艺，如1989年泰州市迎春住宅小区基建工地出土了一件缺盖的绞胎圆壶，壶的造型为直口，溜肩，圆鼓腹，出土后破裂为几块，从剖面可以看出该壶的制作工艺。这把壶的工艺非常特别，是先分别做好口沿、腹部、流、把手、圈足，流的内口为单孔，腹部和流的内胎是砖红色素胎，表面再贴上一层红、白相间的薄绞胎泥，壶把、口沿和圈足部位未贴绞胎泥，然后将各个部分用白色胎浆粘连成型，统一罩透明釉，壶腹部施釉至三分之二处，入窑烧成。清朝时的绞胎器非常少见，比方说天津博物馆收藏的杨彭年

圆润

规格：450cc

材质：绞泥

制四方花盆，在紫褐色的胎体中局部隐现出流云般的红痕，这也类似于绞泥的手法；常州文物商店有一件清中期的绞胎盖碗，则以紫砂和红紫砂绞出类似木纹的纹理。

线条装饰

吴经墓的提梁壶和泰州市博物馆藏的“周氏俊造”款盖罐中的一些考古发现，可以证明在明朝中期，紫砂器中已经出现了线条装饰。紫砂壶线条装饰的种类包括很多种，不同样子的线条要用到不同的线尺，线尺的材质包括牛角或者铁、木、竹等，经过加工之后线条会更加挺拔和清晰。线条的存在增强了紫砂壶的装饰效果，而且还进一步增强了成型黏接处及边缘部分的应力，进而避免器物烧成时出现缺陷。这些辅助性的线条装饰，和明清家具中使用的线条装饰手法非常类似。按照手法或刻划或压印的不同类型，具体可以分成几种：

（1）灯草线：这种装饰为小圆线，因形状很像灯草而被命名为“灯草线”。这种装饰手法集中于砂壶的口沿或者底部，一般在口沿地区的线被称为翻口线，位置在底部的线叫作底线；另外还可单独或组合使用在壶体、肩、腹等位置，这种整体造型的装饰效果非常明显。

（2）子母线：基本表现为一粗一细的双线，另外还被称为“文武线”。一般出现在砂壶的口盖组合处和口沿，位于上端的线较粗，位于下端的线则比较细。

（3）云肩线：这种线条出现在壶的颈部，一般情况下都比较薄，一般云肩线与颈部的距离和壶腹的尺寸要相互呼应。

筋囊西施

规格：250cc

材质：紫砂泥

玉笠

规格：550cc

材质：紫砂泥

（4）凹凸线及腰线：这种线主要出现在紫砂壶的腹部，使用这种线条进行装饰时，因为线条的粗细、厚薄和宽窄，最终的艺术效果也会不同。这里面的腰线现在也被称作“皮带线”。

（5）凹肩线：这种线条属于双曲线，一般用于紫砂壶的肩部装饰。

（6）筋纹线：这种线条常被称为筋囊线，一般也属于垂直线条，这种线条可以将紫砂壶的形体分成若干等份。一般说来，筋纹线的装饰，同样随着壶体器形出现对应变化，线条的深浅变化也要对应地做出来。

（7）抽角线和折角：主要出现在方器面与面的交接之处，具有藏锋避棱，柔和方器棱角感的视觉效果。

（8）云水纹、菱纹和花瓣纹：这类纹线一般都是花式的筋纹线，不过和筋纹线有所不同，线形的走向一般都是横向，而且呈现出起伏波动的特点。

陶刻

陶刻多数情况下都是在砂壶的坯体上面进行，是使用竹制或铁制的雕刻工具进行书画镌刻或者绘制装饰图案的一类方法，在书画装饰方面，大多情况下都融合了文学、书法、绘画、金石篆刻等许多类型的艺术风格，也因为这样，文人雅士都很青睐这种作品，还有自己参与陶刻创作的经历。紫砂陶刻非常注重写意的笔墨，以及线描的变化，壶体上辞章、短句、诗词的布局同样重要，使造型、陶刻二者协调共融。

到了明朝中晚期，陶刻的内容主要包括作者的名款、纪年的书刻，

雨露

规格：320cc

材质：清水泥

此外也常常包括题句，不过比较少见。清朝自从乾隆、嘉庆之后，因为陈曼生的带动，陶刻也在宜兴紫砂装饰中更加风行。到了民国早期，进行紫砂陶刻装饰的匠师基本上都是文人画师，其中的著名人物包括韩泰、路兰芳（一说卢兰芳）、邵云如（一说邵云儒）、陈少亭、任淦庭等人，这些人师徒相承，艺术灵感来源于竹刻和碑刻，在此之外，还借鉴了中国的绘画章法布局，这也让陶刻成了紫砂工艺中一项专门的分工，专事紫砂坯的书画铭刻装饰的人，被宜兴当地业内称为“刻字先生”。

明晚期、清早期的陶刻工具主要以竹刀为主，《阳羡茗壶系》中就记录道:“镌壶款识，即时大彬初请能书者落墨，用竹刀画之。”到了乾隆、嘉庆和道光时期，这种艺术也受到了金石篆刻技法的影响，开始将钢刀作为主流工具进行雕刻。陶刻的时候还要注意行刀的浮沉利钝、深浅宽窄，笔势的气脉连贯，以保证工艺器物的完美。

陶刻的手法主要有印刻和空刻的差别，刀法则包括单入侧刀法、双入正刀法。这里所说的单入侧刀法，一般都是在坯体上直接下力刻划，双入正刀法就是每刻一笔都用双刀，中间剩下的泥块要用刀口刮平。在此之外，湿刀、涩刀、迟刀、留刀、轻刀、切刀、舞刀等金石用刀法也交替运用。总体来说，线条粗的部分要用更深的刀法，细的地方则要浅刻，具体说到刀法的应用，也属于陶刻创作者的构思，这当然不能一概而论。

印刻

印刻也就是“刻底子”，同样要使用双刀法，这是在紫砂器的坯体上按照先前已经做好的墨稿进行镌刻的一种方式，从刻画痕迹上还能够还原墨稿的笔势原貌。按照对陶刻底面的处理差异，具体可以分成平底刻、圆底刻、凹底刻、三角底刻、琢砂底刻、阳刻、阴刻等刻法。

空刻

空刻这种方法不用画稿，直接在紫砂器的坯体上进行镌刻。使用这种方法必须胸有成竹，握刀似笔，必须指腕用力，而且还要有娴熟的陶

八方招福壶

规格：550cc

材质：紫砂泥

刻技巧。单刀法必须有一种自由驰骋的感觉，不能受到约束，强调用刀的起头落笔，并适当作相应的刀法变换。运刀的办法可以概括为“划、竖、撇、提、捺”五个字。刻“划”，都是刻刀先下后上；刻“竖”，刻刀先左后右；刻“撇”，先用顺刀，后用逆刀；刻“提”，先用逆刀，后用顺刀；刻“捺”，刻刀先上后下。

清刻、填色刻、着色刻

清刻就是刻后在刻痕中不进行加工染色；填色则是在紫砂的坯体表面刻上书画的图案，之后将底面刮平，中间填充红、黑、白、绿等色泥（通常使用白泥或者黄泥），这能够突出陶刻的刀路；着色刻是在陶刻后，利用多种紫砂色泥点染或勾画，并且模拟出绘画的笔触。

大彬提梁壶

规格：550cc

材质：紫砂泥

着色的原料包括青、绿、红、白等，都是紫砂陶土的天然矿物原料本色或用其调配出来的各种颜色，具体分析色调和原料可以知道：

白色：白泥。

绿色：氧化钴与本山绿泥配制而成。

蓝色：氧化钴与白泥配制而成。

红色：将紫泥中的山黄泥料提炼，经过煅烧而成。

淡红色：生白泥与生红泥配合组成。

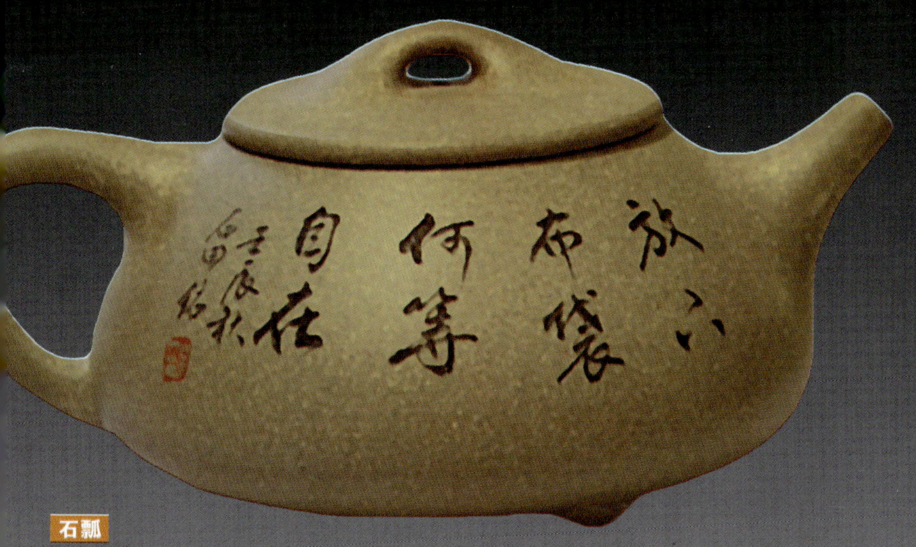

石瓢

规格：400cc

材质：本山团泥

华颖壶

规格：400cc

材质：紫砂泥

褐黄色：黑料与生红泥配合组成。

色料的炼制：把不同比例配合的矿物原料碾碎，再用清水浸漂，之后出现在水面的一层腊膏，就是有用的色料。除此之外，还可以用氧化钴和氧化锰作为色剂。

另外还可以依据坯体的干湿程度和刻划手法进行区分，这个时候陶刻方法包括 4 种：

（1）写泥刻款：当坯体当中包含 20% 的水分时，使用圆钝的铁笔或竹刀进行刻写。

（2）湿泥刻款：当坯体接近干硬时，使用锋利的钢刀进行陶刻。

（3）干坯刻款：当泥坯基本干燥后，以毛笔书绘字画墨稿，然后再用钢刀依笔划进行陶刻。

（4）描边剔泥刻款：这种方法则是用细刀描出图案或字体的轮廓边缘，然后再用挑或点的方法剔去其中的一部分，这种方法产生的视觉效果别具一格。

贴饰泥片

贴饰泥片就是在砂壶的盖顶、壶腹、底部等区域进行泥片贴饰，它同样属于装饰手法的一种。对于风格简单的圆器和方器，贴饰泥片的装饰丰富简练，另外还能以丰富的线条进行变化。

贴饰泥片的具体操作方式包括盖顶贴饰泥片，如上海博物馆藏时大彬制虚扁壶；底部贴饰泥片，如南京博物院藏菊瓣提梁壶，以模印菊瓣状的扁平圆片作为底部的饼形实足；菱花瓣或柿蒂纹，如无锡出土时大彬制三足圆壶盖顶；壶盖、壶腹贴饰绶带状、布片状泥片，实例有南京博物院藏邵大亨制捆竹八卦壶等。

竹报平安

规格：400cc

材质：紫砂泥

活动缀饰

活动缀饰指一般在紫砂壶的钮、盖、流或者瓶、鼎类陈设器的耳部等附属部位都会有的一些可以活动的点缀性装饰，这种艺术装饰方法对于提升使用以及视觉的仿真性和趣味性很有帮助，具体的类型包括滚球、套环、垂耳、链子、莲子、龙首等。滚球就是于壶盖顶部的伏狮前嵌缀一颗活动的球，取材于“狮子滚绣球”这一题材，在蜀山窑的发掘中，可以清晰地看到这类样本；套环一般情况下都是条形钮当中嵌套的一个圆环状的活动环，名字包括“串顶”或“串钮”，如天津博物馆藏阿曼陀室款葫芦形壶；垂耳是在瓶、鼎的耳部嵌套圆环，如南京博物院藏家羽后身款仿古铜器；链子就是用紫砂泥条仿作成金属链条，表现出环环嵌套的缀饰风格；龙首是在壶盖顶部嵌套活动的龙首，如宜兴陶瓷陈列馆藏黄玉麟制鱼化龙壶。

一粒珠提梁

规格：450cc

材质：红皮龙

贴花雕塑

贴花雕塑的装饰技术不仅需要灵巧的手工技艺，还需要根据紫砂胎的色泽和质感，进行详细的构思，然后进行操作，这种方式对紫砂器的装饰帮助甚大，这种艺术手法让在方、圆的线条表现外，还能够有更深的艺术创作内涵。贴花雕塑工艺的作品同样是紫砂造型中的一大门类。具体来说，这种技术是在紫砂坯上利用模印、捏塑、堆贴、雕镂、刻划等多种手法，创造出各种不同的图画，比较常见的类型包括竹节竹叶、梅花梅干、松针松枝、瓜果藤蔓、狮虎瑞兽等。贴花雕塑的具体工序为：用手指将紫砂土揉捏出大概的雏形，随后使用专门的工具进行压制、修饰和刻划，然后把紫砂泥贴在紫砂坯上。这种装饰手法非常类似于瓷器工艺中的堆塑，与此同时还吸收借鉴了漆器、玉器、铜器、石雕、竹木雕刻的工艺美术技法。紫砂的贴花雕塑在胎土上选择的，多利用本色胎土，当然也有一些是采用和坯体不同的多色胎土进行搭配的。

平面模印

这种方法可以分成印板和印章，一般印模利用木、石、陶作为材质。利用印板进行模印时，需要先把需要的装饰图案刻画在印板上，只用印板印压出花纹图案或文字，之后把泥片镶接成型，这种技法在方器的模印装饰上见得比较多，比如说香港茶具文物馆藏外销六方茶叶罐。印章模印的工序，就是先把图案刻在印章的上面，然后重复排列压印在壶盖、壶肩、壶腹、流、壶把等部位，图案包括回纹、卷草纹等，在表现形式上则包括凸起的阳文和凹陷的阴文，具体例子有故宫博物院藏龙首三足

鱼化龙
规格：200cc
材质：紫砂泥

壶。花塑器的附件，如叶片、花朵手法与印板类似，当图案模印出来后，用泥浆粘贴于紫砂坯体上，如北京故宫博物院收藏的梅桩笔筒、南京博物院收藏的陈荫千竹节壶。

明朝中后期，模印的手法在紫砂器装饰上更加多见，这种情况一直持续到清代早期，模印可以说是这一时期最具时代特征的装饰手法。模印的图案很复杂也很精美，纹饰的繁缛超过了明朝晚期。乾隆时期模印装饰发展到了顶峰，器表往往缀满模印装饰图案，此后模印装饰虽然偶见，可是乾隆时期那种繁华的艺术效果已经很难见到。北京故宫博物院收藏的乾隆时期印花六方壶、首都博物馆收藏的乾隆时期印花四方壶和南京博物院收藏的模印菊瓣提梁壶都属于运用此类装饰手法的典型代表。

立体塑形

这种装饰方法可以使用模具或者手工捏塑。题材一般是各种动植物或者其他事物，这种装饰在紫砂器上同样很常见。从明朝中晚期开始，这类装饰的实例就很多见，通过羊角山的考古发掘，就可以发现使用龙首作壶流并用松鼠作壶钮的残片。清早期手工的贴花雕塑以故宫博物院收藏的各式桃形水丞为代表，粗看之下这种贴饰的叶片并不够精致，因为叶片的贴饰基本不能使用模具，都要手工裁切泥片，然后再修整刻画叶脉，正是深得天然趣味，没有矫饰的清代早期的塑艺真貌。清代中期开始，以书画铭刻为主要装饰手法，贴花雕塑的主要表现形式以局部点缀为主，其中竹节题材最为常见。时间推移到清末民初时期，贴花雕塑又重新被重视，许多紫砂壶的造型都充分运用了贴花雕塑手法，如树桩、合桃及各类竹节造型。

镂空透雕

镂空透雕的实际运用费工费时，而且实际操作难度较大，成品率低，使用这种装饰手法的紫砂器极为少见。但是这种装饰艺术具有玲珑奇巧、虚实相间的独特美感。根据《江苏省志·陶瓷工业志》中的记载：北京

八面玲珑葡萄桩

规格：450cc

材质：紫砂

故宫博物院藏有的清代宜钧镂空花篮，是在泥片上直接使用缕雕技法刻出图案，再镶接成型进行加工，可是并没有发现实物的图片。镂空透雕主要有全器和局部两种表现方式，比如法国吉美博物馆收藏的镂空竹节壶是采用整体器身大面积的采用镂空透雕装饰，盖顶及壶身外壁为镂空的竹枝竹叶图案，这种茗壶都是使用镂空装饰的，内部需另置内胆。

泥绘堆泥

泥绘及堆泥的装饰工艺非常精致，可是同样非常复杂，这种装饰手法已经使用了很长的时间，明朝的日用陶器中，就发现了一种宜兴本地特有的“堆花”装饰手法，这也是泥绘装饰法的前身。这种装饰方法到明末时，已经发展成熟，在画面上讲究工整，边框和纹饰有一种立体感。永乐年间（1403~1424年），宜兴的窑场出现了一种“大拇指堆花法”，也就是说在陶器的坯体上，使用右手大拇指描绘出各式的花卉人物、飞禽走兽图案，工艺技法则包括手抹、摞叠等。除此之外，还有使用竹片、木片、牛角等小工具进行装饰性加工的例子。

泥绘

规格：250cc

材质：紫泥

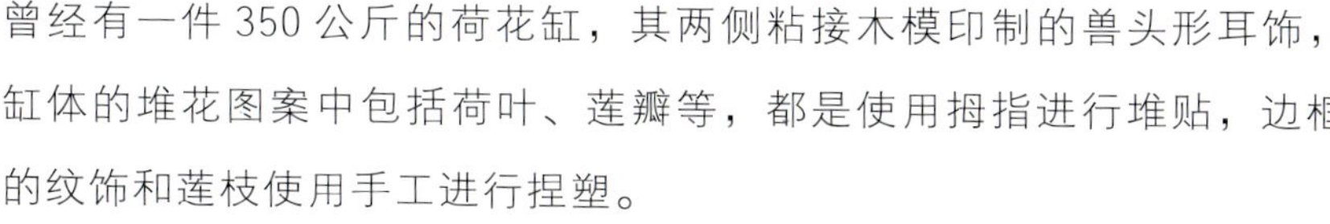

曾经有一件 350 公斤的荷花缸，其两侧粘接木模印制的兽头形耳饰，缸体的堆花图案中包括荷叶、莲瓣等，都是使用拇指进行堆贴，边框的纹饰和莲枝使用手工进行捏塑。

清朝顺治十一年（1654 年），宜兴汤渡窑的窑户林十万承烧御用大缸，这口缸的水容量达到了 1000 千克，缸体上面要堆贴“龙戏海涛”图案，然后挂金黄色釉。这件器型十分庞大，当缸坯进行装窑时，窑门都需要重新拆除加宽，烧成难度很高。官府还规定：“不能成器责以必办，不能办则官窑以高价市之。”就是说，如果烧不成，要承烧的窑户照官府所估的高价赔偿。最终林十万拼尽全力烧成此缸，可是还是损失太多，最终接近倾家荡产。康熙年间（1662~1722 年），堆花陶器的品种越来越多，花缸类的制品就包括花缸、龙缸、寿缸、荷花缸、金鱼缸；花绿缸则包

佛手

规格：320cc

材质：芝麻段泥

括龙四石、龙三行、小龙三石、龙申放、腰圆；花坛主要包括洋坛、龙坛、粮坛；除此之外还有罗盘和挂盘等器。堆贴的画面既包括人物、花草、龙凤、走兽，另外还有书法和款章等内容。清朝康熙甲辰年（1664年）菊月制作的寿缸，堆贴的颜体楷书端庄古雅，韵致清绝，堪称佳作。雍正六年（1728年），景德镇御窑督陶官唐英还亲自到宜兴的窑场观察大龙缸的堆花和烧造技术，并且采办了一些样品送到景德镇进行仿造。乾隆、嘉庆时期（1736~1820年），葛明祥、葛源祥兄弟的葛窑创烧出了能够加锁的“六方圆形堆花锁坛”。该坛的腹部圆框内堆贴牡丹，其余部位也堆贴各式花卉图案。这种堆花的手法俗称“满花”。葛窑和其他窑户还曾经制造堆花坛和龙坛，造型典雅别致，这里面的放龙坛和市龙坛都使用了“蘸浆画花”工艺，这种工艺是用毛笔蘸白色泥浆，在龙坛的表面描绘出花草虫鸟的图形，然后挂上黄色釉。苏北一带的农村大多把这类制品作为女儿的陪嫁嫁妆。日本和东南亚等国家都很青睐葛窑生产的花缸、花坛诸器，这种类型的器物一般用来存放食物、衣服、饮水或作为一种院落的摆设。日商大多情况下都会花重金买入，再转销秘鲁、智利、墨西哥、西班牙和欧洲各地，获利丰厚。

光绪年间（1875~1908年），宜兴窑场出现了很多从事堆花的艺匠，技艺的传递方式包括子承父业、拜师习艺等，可是无论如何，艺徒都得先练习书法、绘画等基本功，之后拇指堆花的技艺才能练得好。除此之外，堆花的主要手法还包括搓、掀、撩、贴、抹、叠等，画面的浓淡、疏密、主次也都要依靠腕力进行调节，细微处可以运用小工具进行修饰，另外搭配刻花、镂雕等装饰手法同样可行。民间最多见的堆花图案一般包括兰、菊、莲、藕、松、竹、梅等，这些图案也大多寓意吉祥和如意。

1916年，宜兴的著名艺人戈根大创造制作了抽角四方和抽角六方金鱼缸，制作过程中还和著名的堆花艺人葛保林进行了合作。作品使用墨蓝、天蓝、铬绿、嫩红等色泥制造出层次各异的画面，在镶嵌时还使用了扇挡形的线饰，通过这一系列的创新，缸体的整体造型变得更加新颖独特。

堆花工艺瓷器

这件作品曾经获得上海首届国货展览会特等奖。

1917~1930年，堆花匠人鲍六芝独创了几十种堆贴工艺的专用工具。他曾经创作了“八骏图”，制作过程中使用木篦梳刷马鬃、马尾，最终制作出来的骏马图生动逼真、甚至可以看到细节处的毛发。鲍六芝在平时生活中很喜欢观察金鱼缓慢游动的神态，他制作的金鱼图案，出没于水草丛中，姿态各异，形神兼备。

1936年，堆花陶器的声望越来越响，产品在江苏、浙江、安徽、山东、河北等省都很畅销，之后还出口到日本、东南亚和欧美各国。在此期间，常州的天宁寺住持也订购过一件抽角八方堆花寿缸，这件作品由著名工匠杨耀生制作。杨耀生使用色泥在八角的抽角处堆贴“暗八仙”，八方则堆贴“明八仙”，盖上则堆贴“四大金刚”，然后增加了奇花异草、飞禽走兽进行细节装饰。这件作品整体结构严谨，布局合理，人物形态各异，形象生动自然。住持僧用一百银元答谢他，这件作品的价值超过一般堆花寿缸十多倍。宜兴丁山葛德和工场还为国内各大中药铺、食品店承制钤刻店号的锁坛、花洋坛，这种有加锁功能的锁坛内壁涂白，外壁“满花”，可以用来盛放名贵药材，而且可以防潮防霉变。花洋坛一般的用途就是盛藏茶食、糖果、糕点或茶叶，非常美观和实用。

上面综合介绍了堆花日用陶器的变革，从上面这些内容中我们也可以知道，紫砂器的堆泥装饰与日用陶器的堆花装饰在很多方面是类似的，紫砂器上使用的堆花工艺肯定也从同时期的日用陶器的堆花技法中吸取了很多有用的内容。除了宜兴本地日用陶的渊源，紫砂器的泥绘堆泥装饰对漆器的堆雕工艺方法也有所借鉴。

泥绘的工艺则是在那些成型完工的还有一定湿度的坯体上，用调和得比较稀软的紫砂泥浆堆绘到紫砂的坯体上，堆泥都是全手工在器表细微地堆塑较厚的泥块、泥条，泥绘或堆泥都必须保证一定的厚度。以手指或毛笔堆画，局部、细部用专门制作的工具再加以精细雕琢，具有浮雕式的立体感、层次感。如果壶坯的干湿度不一致，粘附情况做得不好，那烧制完成后泥绘或堆泥图案就很可能剥落，也因为这样，完整没有损

灵芝供春

规格：260cc

材质：段泥、紫泥、红泥

束柴三友

规格：260cc

材质：段泥、紫泥、红泥

坏的作品十分珍贵。泥绘堆泥在装饰题材方面多侧重风格布局相近的山水、花鸟、岩石、屋舍、树木、小舟、飞鸟等画面，另外吉祥喜庆的纹样也有出现，除此之外还包括篆字的诗文。另外还有模仿书画布局结构的情况，极为典雅而富有文艺气息。

泥绘及堆泥的形式表现包括三种类型。第一种是和器身泥色不同的单色泥堆绘，这类情况多使用白、黄、绿、黑等色泥进行装饰，相对而言和器物本身的胎色会产生对比的效果；第二种就是选择和器身泥色相同的单色泥堆绘；第三种则是多色泥的堆绘，这种工艺非常复杂，一般都是进贡宫廷的精品上才会使用。

紫砂壶装饰艺术鉴赏

最初的泡茶器皿仅限于日常泡茶之用。可是随着人们品茶和欣赏的水平的不断提高，因此保持壶艺的艺术特点就成了必须要做到的，这也促使紫砂壶变成了一种完整的艺术类型。在做壶时，要注意造型、图案装饰等内容，设计充满了人们的各种智慧。这些思想使得壶艺散发着浓厚的民族文化气息。也是因为思想和文化的共存，能让作品带有更丰富的美感，这种美感又进一步凸显了立体感，让作品变得更有味道，这种意境也更美好。

“款”是一种镌刻在紫砂壶壶身的诗词书画和印款，这类装饰也包含在紫砂壶的价值之内。如果这些镌刻出自名人之手，紫砂壶本身的艺术性和收藏性也会随之大大提升。

紫砂壶这种艺术品从来都是“字随壶传，壶随字贵”。而且在鉴别款识的时候，有些情况同样是需要注意的：一是需要辨别壶的作者，题词镌铭的作者是谁，是否是名家；二是关注镌刻的书画和印款在艺术功力上如何，用刀是否精到。紫砂壶中间提到的“名”说的就是壶的作者，也可以说是款识，款识是否属于名家，壶是不是由名家所做，以及制作者的名气都会影响紫砂壶的附加价值。名家的作品必然比一般匠人的壶卖价要高，已故紫砂大师顾景舟的一款石瓢壶就被拍出 90 万元的价格。因此进入紫砂壶投资收藏的市场时，必须得考虑制壶人的名气。

四方祥瑞

规格：320cc

材质：朱泥

威震四方

规格：320cc

材质：朱泥

秦权壶

规格：450cc

材质：紫砂泥

紫砂壶的款识和其他类型的陶瓷制品并不完全相同。历代的制壶高手对款识都十分讲究，款识是壶艺的组成部分。

纵观紫砂壶款识的发展历程，一直和紫砂陶的演变密切联系在一起，与此同时又和书法篆刻一同发展。具体经历了从毛笔题写、竹刀刻划到用印章钤印的工艺演变过程。

从传世的历代紫砂名壶上仔细观察可以发现，实物当中最早发现的是明代万历年间时大彬创造的“时壶”。“供春壶”上面并没有款识，款识上有“供春”二字的壶，基本上都是历代的紫砂艺人仿造的。明代四名家“董翰、赵梁、袁锡、时朋”目前均未找到实物作品。李茂林史载以原书号记录自己的作品。

明朝时期的款识多为刀刻，周高起在《阳羡茗壶系》就有记录：“镌

匏尊壶

规格：350cc

材质：紫砂泥

壶款识，即时大彬初请能书者落墨，用竹刀画之或以印记，后竟运刀成字，书法闲雅，在《黄庭》《乐毅》帖间，人不能仿，赏鉴家用以为别。”其中的大意就是说：时大彬请人用毛笔先在紫砂坯体上进行题写，当坯体将干未干时，自己再按照毛笔的提顿转折进行刻划。等到熟练的时候，自己用刀代笔，不再请人落墨，赋予款识个人风格，其他人也就无法仿效，并因而成为历代鉴赏家鉴定“时壶”的重要依据。通过观察传世的紫砂器也可以发现，明代紫砂艺人中除时大彬外，其他进行刻划署款的壶艺名家有李仲芳、徐友泉、陈信卿、沈子澈、项圣思等。以刀刻署款要求有书法基础和比较高的悟性，普通的工匠多数情况下难以达到，历史上一些宜兴的紫砂艺人不会写字，也只好请别人落墨镌款，于是就有“工镌壶款”的专门人才，比如说明朝的陈辰就是其中著名的一位，请他镌壶款的人很多。也因为这样，许多作品由不同的艺人制作完成，可是镌壶款的工作都是由一人做的，这些情况也会给历代的鉴赏家们带来了不少困扰。

体会紫砂的“瑕疵”之美

古旧的紫砂壶，一些壶的样子是蓬头垢面，一些壶则有一点疵点和缺陷，只要经过清洗和整理培养，按照“茶汤养壶”的原则，也能够让壶恢复得更好，这时候还涉及到一个“尊古出新”的问题。面对旧壶和古壶要保持使用，不能束之高阁，因为这样会埋没壶的光彩。一些具有书画陶刻装饰的旧壶和古壶经过静养，不但笔法和刀法上具有了立体感，还增添了书卷气，逗人喜爱。另外对一些旧壶和古壶来说，即使不是出自大家之手，也是十分可爱的。曼公云：“凡诗文书画，不必十分到家，乃见天趣。”这种心态才是欣赏艺术品的最佳心态，这种心态能够让你从古典中品味到无穷的乐趣，进而对壶爱不释手。

紫砂器的制作历经了严谨的制作造型流程，它是土与火的艺术，因此稍有不慎，难免会有一点缺陷，只要瑕疵不算明显，尚未超过一定的

圆珠

规格：300cc

材质：紫砂泥

标准，在玩赏上仍旧是没什么问题的，完美的作品价值固然更高一些，可是在艺术欣赏中这种小的缺陷和瑕疵仍有一种特有的价值，“窑变”为宝，所以无需对这些微细处过分计较。阳羡名陶录云：“吴迪美曰‘用涓人买骏骨，孙膑刖足事，以喻残壶之好’，伯高乃真赏鉴家，风雅又不必言矣。”

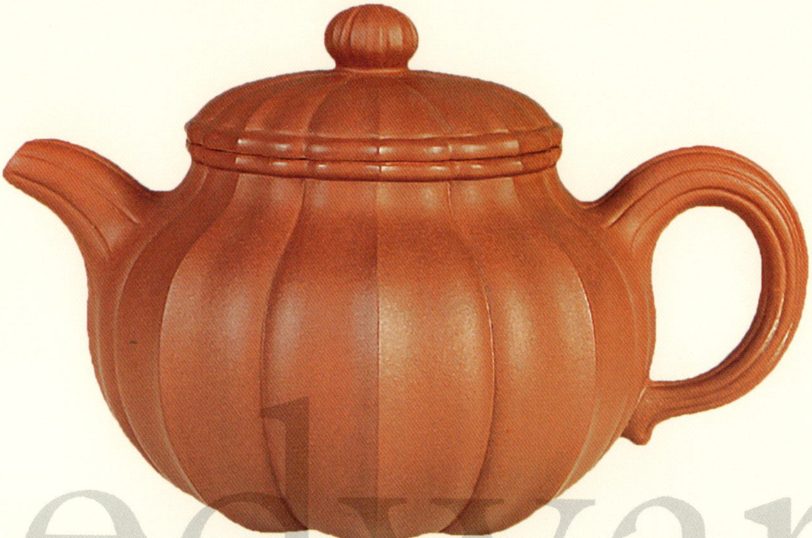

紫砂壶的购买和保养

在多数情况下，紫砂器被认为是一种名贵的收藏品，对于那些制作精良、装饰得体的作品来说，收藏价值更是不言而喻。接触紫砂壶收藏时间不久的朋友对刚刚购买的紫砂壶应该如何去处理，会显得比较迷茫。在使用和处理方面如果不够合理的话，很容易导致紫砂壶的品质下降，甚至导致紫砂壶发生损伤。收藏紫砂壶不是一件简单的事情，需要注意的情况还有很多。

紫砂壶入手辨别真伪

紫砂壶作假的类型

在经历了时代的变迁后，那些流传下来的的紫砂名壶更是成了饱含历史信息的珍贵文物，国内外博物馆及收藏家也都在寻找这类文物。明朝名家制作的茗壶，在清朝初年都已经是很珍贵的东西了，清朝初年的名家之作，流传到清末时数量也十分稀少了。在这样的前提下，为了满足一些人群的需求，紫砂壶市场上的赝品开始出现。

历史上对紫砂壶的仿造，已经有很久的历史了。最早在明朝时期，

紫砂史话

紫砂壶原来仅仅是一种茶具，或者说是一种比较优秀的茶具，可是当越来越多的文人墨客对紫砂壶加以关注后，紫砂壶也随之发生了变化，从最初的多种造型到后来的名家题词等。不过从历史到现在，购买紫砂壶都要综合考虑多种情况才行。

禅钟

规格：400cc

材质：本山团泥

六方石瓢

规格：350cc

材质：老紫泥

筋囊仿古
规格：450cc
材质：紫砂泥

历史文献中就曾有时大彬“仿供春得手”的记载，流传下来的作品就包括“仿供春龙带壶”，这也是时大彬仿造供春壶的真实记录。时大彬出名后，仿制大彬壶的人也开始大量涌现，在文献中还曾经记录有“李大瓶，时大名”的内容，这从一个侧面说明大彬壶也可能是李仲芳制作的，大彬只是“见赏而自署款识”。制壶名家陈信卿，更是擅长模仿时大彬、李茂林的传世作品，文献记载中同样说陈信卿还“多削改弟子作品而署款”。由此我们可以推断：制壶名家的作品，很多都是弟子制作的。

清朝时期曾经有个制壶名家叫杨彭年，他的女儿叫杨莲凤，杨莲凤制作的茗壶基本上都是用彭年的印章，因而很少见莲凤印记的壶艺作品。民国早期，制壶名家程寿珍的儿子程盘根，在制作茗壶的时候落款也都是使用他父亲的印章，尤其是那枚刻有“八十二老人作此茗壶，巴拿马和国货物品展览会曾获优奖”字样的印章，在程寿珍逝世后也是程盘根

传炉壶
规格：400cc
材质：紫砂泥

在一直保管和使用的。

在此之外，现代的紫砂行业当中徒弟做壶使用师傅的印章，儿子、儿媳及女儿、女婿使用父母亲印章的情况也是有的，而其他人作假的情况就更可以推测得知了。

那些流传下来的紫砂古壶，在鉴定问题上非常复杂，对于这种商品要分清真假，合理的鉴识是不可忽视的。对于紫砂茗壶的鉴识，一方面要做到知真，另外还得辨假；如不能知假，也就难以辨真。在此之前，我们得先了解一下紫砂茗壶作伪的各种情况，然后再进行具体分析。

紫砂壶艺的仿古作伪早就是一个历史问题了，追溯到 19 世纪中叶和 20 世纪初期，曾多次出现摹仿古代名家名壶的热潮，一般包括三种作伪方法：一是针对那些传世的名壶通过摹仿制作赝品；二是依据古籍中记录的紫砂壶的名字进行臆测，然后通过工匠的构思设计进行制作；三是将一些品位高雅、工艺精致的无款紫砂茗壶补刻上一些历史名家的款识或伪仿印章加戳于壶上。

一般第一种情况的仿制者在制壶上都属于高手，制作出来的壶在技艺和泥色等方面都要远远超过历史原作，如果把赝品和原作进行对比，就能明显看出仿品的水平之高，可能价值上比真迹虽差一些，但某些作品的价值也可能会超过原作，这类仿制品应该说是最好的。不过对杰出大家的作品，例如项不损、陈鸣远、邵大亨等名家的旷代佳作进行仿制，工艺上肯定是没什么问题的，可是神韵上就会差很远。这类作品流传至今，

仿古壶

规格：500cc

材质：紫砂泥

价值已然不菲。它应当区别于现代假冒伪造的赝品。

第二种则属于近年来出现的利用图谱进行仿造的低劣产品。一般这种作假者虽有一方面的优势，可是在整体风格和韵致上并不和谐，因此制作出来的茗壶并没有什么神韵，更难做到原品形、神、气、态的那种和谐。对于那些有点紫砂壶艺常识的人，基本上都能辨识出来。

第三种假冒名家的赝品，辨识这类壶，只要了解名家名作的壶艺风格、形制、技巧手法、艺术特点和款识形式，就能够轻松看穿赝品。因此，凡遇名家名壶，千万要小心辨识。

紫砂茗壶判别的主要对象就是那些传世名壶以及当代名人的作品。一般说来，明清时期紫砂茗壶的真假最为难辨。因为这两个时期制壶的

石瓢

规格：350cc

材质：清水泥

技艺本身已经非常成熟。对于紫砂茗壶的作假，方式肯定有很多，总结下来包括三类：一是彻底地、完全地作假；二是新壶做旧；三是代做的紫砂茗壶。其中代做的茗壶虽然是假的，可是和前两种作假方式也是不同的。

完全作假的紫砂壶中有一类作品，因为作伪者没有见过真品，只知道原作者的名字，并不熟悉名人的制壶风格，一般作伪者和名人所处的时代也相隔较远。这种赝品的特点非常明显：一种赝品的制作技艺高超，另一些赝品的制作手段可能就非常拙劣。比如说仿时大彬的伪品，基本上可以分成三个时期：

（1）由明末的紫砂艺人进行仿制的，赝品的壶体造型和壶上的书体款识，比较接近时大彬的风格，这种情况比较难辨别；

（2）清朝中期的伪品，这种作伪者的制壶技艺非常高，但是在壶上不会出现时大彬的印章款识，和真品特色相差较远，容易鉴别；

（3）清末和民国时期的伪品，这种作伪者的壶艺制作手法普通，另外还常带有清中期的伪品遗风：在壶底或壶盖上也均会出现印章落款，辨别比较容易。因为大彬壶的刻款和印章是不可能同时出现的。

紫砂壶辨伪的注意点

曾经在十几年前就出现过一批陈鸣远的茗壶赝品，这批壶包括自然形和几何形两种款式，几何形体一般都是小型鼓腹式壶，也常被简单称作“一手壶”，壶底的印章多数是四字楷书书写的“陈鸣远制”，从这一点也可以推测：作伪者根本不了解陈鸣远印款的特点。

还有一种完全造假的紫砂茗壶，在作假的时候参照了名家名壶的出版物和式样。这种仿制作假的方式从清末、民国时期，一直延续到现在。如果进行紫砂壶的收藏和鉴定，就得熟悉这些情况。相对而言，实样仿制的赝品名壶辨伪的时候，需要做的就是谨慎地细心察看，对于破绽要认真研究分析。紧紧地抓住伪品的一些薄弱环节，比如说名人刻款的茗壶，

鸣远传炉壶

规格：450cc

材质：紫砂泥

要仔细回想刻款的风格特点，刻字笔画的多或少等。除此之外，还要细看其装饰手法，一般情况下，紫砂壶的装饰特点都是精巧细致，气质出众，品味脱俗，多数伪品的制作不够精细，更没有这种艺术境界，仿造出来的东西肯定不会成为高雅的艺术品。

20 世纪 80 年代末、90 年代初，紫砂壶的收藏热潮又在我国港台地区及东南亚一带出现，这个时期的作伪之风更加盛行。这个时期最常见的作伪手法是新壶做旧。

鉴定这种壶，要细心观察茗壶是不是有作伪的痕迹，这种辨识方法也是顾景舟大师使用的。比如说一些作伪者在壶的表面做上了满满的旧茶迹，可是壶盖和壶颈子的接口处，并没有长期使用的磨损痕迹，这就是破绽。

新壶做旧的骗术也是因为国内外对紫砂壶的爱好的兴起而出现的，

井栏壶

规格：500cc

材质：紫砂泥

属于不择手段牟取暴利的卑劣行为，伴随着时间的推移，壶的做旧方法越来越多。

新壶的表面一般都有新器的光泽，想办法去除这层光泽，然后当作旧壶进行出售，企图以假乱真。使用这种方法想蒙混过关的做旧方法包括以下几种：

（1）把新壶置于浓重的红茶汤中煮烧，然后取出，反复几次最终达到去光效果。这个方法是从玉器、瓷器做旧的常用方法中借鉴来的。新壶经过这样的处理，表面会变得滞涩黯然，成为作假的老壶，然后再欺骗买主。

（2）将新壶埋于地下，壶在地下水和土质（酸性或碱性）的作用下，

匏瓜提梁壶

规格：450cc

材质：紫砂泥

双环壶

规格：550cc

材质：紫砂泥

可以褪去新光，这种方法则来源于青铜器做假的方法。

（3）在新壶上擦拭相同颜色的鞋油，鞋油布于紫砂壶的表面，很容易掩盖壶的新光。但这种假壶都有鞋油的异味，容易被买主识破。

（4）用浓茶汁、食油、酱油、醋、糖调合在一起，先抹在新壶的表面，然后加温蒸煮，促使这些汁液渗入壶胎，最终褪去新光，达到做旧的目标。这种方法也很容易被识破，用手触摸可以明显感觉到表面的油腻。

在此之外，有一类制壶艺人因为技艺精湛而名声显赫，所以备受追捧，订购的人也很多，时间紧张，有些疲于应付，因此指派徒弟或请同时代制壶的陶人，代替自己制壶，自己只负责署款。这种代制的紫砂茗壶和后世作假的赝品是有区别的，因为并不是由本人制作的，因此也属于赝品，可是鉴别起来就更加困难了。

鉴别紫砂茗壶的真伪，要综合考虑壶式造型的时代风格，具体细节包括泥料、工艺、装饰的特点，以及署款和铭记的方式等几个方面，只有经过全面的考察分析后，才能得出正确的判断。

紫砂壶辨伪的方法

紫砂壶作品历来鱼龙混杂，一些新手和接触这方面知识并不多的人对于收藏肯定经常带有疑惑，在购买和收藏古旧紫砂壶作品时，稍有不慎便可能上当受骗。也因为这样，我们要明白相关的知识，掌握紫砂壶的鉴定方法，这对收藏和购买紫砂壶的帮助是很大的。

（1）不同时期使用的泥料不同，这对作品的鉴定很有帮助：紫砂陶器以紫砂土作为原料，可是不同时期的紫砂土，在地层、炼制工艺、加工器具方面都是不同的。因此，明白不同时代的泥料和制作特征，对于鉴别紫砂壶作品的帮助还是很大的。

（2）不同时代、不同作者的制作风格也是不同的：不同历史时期拥有不同的审美标准，作者自身的文化艺术修养和作品的服务对象也是不一样的，对于美的理解和表现肯定也会不相同，而且差异性还可能非常大。

共鸣壶

规格：200cc

材质：紫砂泥

西施壶

规格：250cc

材质：紫砂泥

知道了具体的特点，再进行真伪鉴别也会更容易。

（3）每一个作者在作品中都会展现出不同的精神和气质：每一位作者所受的教育，以及自身修养，性格禀赋都是不同的，这些内容都会给作品增添不一样的精神和气质，因此，赝品可能在工艺和技巧上超过被模仿者，但原作的精神、气质却无法被仿制，这个判断方法在紫砂名壶的鉴定中非常重要。

（4）根据作者进行创作时，在作品上展现出来的不同工艺和技法也可以判断。一般区别包括个人习惯、时代特征。

（5）依据印章和款识来鉴定，这种鉴定方法过去非常实用，可是人

六方金杯

规格：730cc

材质：紫砂泥

们现在发现这种方式最不可靠，一次印章、名款的鉴定可以作为一种辅助手段来利用。明代的制壶者多用楷书刻款，从陈仲美开始都使用印章作款，清朝沿用了这种方法，这些情况可以作为判断的依据。此外，如题款、印款在壶上的位置等，不同的时代都有各自的特征，不同作者又有各自的习惯，这些内容都可以作为鉴定作品真伪的重要依据。

（6）感受书画、铭刻的技法和神韵。一般说来，壶身上有书画和铭文的赝品更容易出现破绽，一般作假者模仿这些书画作品时，对作品本身并不是十分了解，进行仿冒的时候更做不到直抒胸臆，在下笔和运刀时难免有犹豫不决和神韵难继的情况出现，在经过仔细观察，然后对比原作者其他作品的特征，便可做到科学辨识。不同时代的作品在刻画特征上也是有区别的，比如说明朝基本上是先在壶上用毛笔写字，之后采用双刀正入之法进行铭刻，刻画的字笔画清晰，刀口则是双面，因而字的笔画在两侧都是光滑的，清朝之后大多使用单刀侧入法刻画，字的笔画一面光，一面糙。

（7）分析泥料中所含的矿物质及其化学成分。不同时代的紫砂成分有所不同，用现代科学手段进行分析，可以准确地判断出作品的年代，进而判断真伪，不过这种方式比较繁琐，鉴定的花费也很大。

专家评鉴

20 世纪 80 年代初，我国港台地区出现了紫砂收藏的热潮，名家的作品少的能卖到几万元，高的则可以达到十几万元甚至上百万元，20 世纪 90 年代初期，因为上个年代的过度炒作，导致紫砂的升值空间严重透支，紫砂壶的价格剧烈下跌，之后紫砂壶市场陷入整体的低迷状态。近年来，紫砂壶市场才开始逐渐复苏，产品的价格也开始走出低谷，逐渐回升。

雄风提梁

规格：850cc

材质：紫砂泥

（8）使用特征上的不同。紫砂壶最初的用途是烧水，因此壶的茶孔都是单孔，后来也主要沿用了这种设计，到了19世纪的中期才出现了多孔的形式，而出水网眼的（形状类似半只高尔夫球）设计则是20世纪70年代从日本传入我国的，这也可以作为鉴别的一个辅助条件。总之，要结合一个作者和他的作品所处年代、时期的种种特性，包括与制壶有关的一切直接和间接的关系，这样才能不“走眼”。

下列是一些紫砂的价格数据供大家参考：

明代名家的作品：10~15万元，或者更高；

清朝制壶大家的作品：代表作可高达数百万元，且有行无市；

清代名家的作品：5~10 万元；

明清时期普通壶匠的作品：1 万元以上；

晚清和民国时期大家的作品：5 万元以上；

晚清和民国普通壶匠的作品： 1000 元左右；

顾景舟为代表的近现代顶级大师的作品：10~20 万元，名作还要更高；

现代工艺美术大师的名作：10 万元以上；

高级工艺师作品：1 万元以上；

名人名家，比如齐白石、傅抱石、张大千题刻字画的作品：4~5 万元；

有潜力的中年工艺师的作品：3000 元左右；

助理工艺师作品：1000 元左右；

仿名家的作品：100~300 元。

紫砂壶使用的注意事项

紫砂壶的初步处理

对于还未使用过的紫砂壶，必须使用一些方法进行处理才能使用。在经过处理之后，进行下一步的“泡养”工作才可行。初步处理紫砂壶的方法包括许多种，本书简单介绍两种。

水煮

准备一口干净无杂味的锅，把壶盖和壶身分开，放到锅底，慢慢地往锅里倒入清水并没过壶身，用文火缓慢加热，直至沸腾。这个方法要注意的是壶身和水应该是一起升温和加热的，千万不可以把壶身贸然放到沸水里面。虽然紫砂壶对冷热的急剧变化适应的效果比较好，但是如果骤然让壶接触沸水，则可能把壶上的细小裂纹变成大的裂纹。等水加热沸腾后，取一些廉价的茶叶（一般推荐使用较耐煮的重焙火茶叶）投入水中进行熬煮，煮过几分钟后捞起茶渣，继续使用小火慢炖。等到二三十分钟后，用竹筷小心将茶壶拿出来，安静放置，等待其自然褪去热度。再用清水冲洗壶身内外，把残留的茶渣清理干净后，就可以正式启用。

这种方法一方面可以去除壶身的蜡层，另外还可以“醒壶”：可以打通壶身的气孔结构，因为茗壶经历了热胀冷缩就可以释放其中所含的土味及杂质，如果这个方法做得比较科学，将有助于日后的泡茶和养壶。

饮水思源

规格：450cc

材质：紫砂泥

刷拭

这种方法比较简便。先用温水暖一下茗壶，之后使用沸水装满茶壶，并用热水浇淋壶身表面，以保证壶的全身都处于高温状态。之后在软毛牙刷上沾上牙膏，把全壶的内外彻底刷上几次，并使用热水冲去泡沫，则可以去除土味及蜡质。

刷拭法的优点是简单方便，在茶桌等地方便可进行，可是效果并不如水煮法那般彻底。在此之外，某些品牌的牙膏（尤其是强调去污力强的）中含有很多的研磨剂，可能会在一些胎身细腻的壶（如朱泥、绿泥）

凤舞九天

规格：750cc

材质：紫泥

上留下刮痕，因此也可以使用洗碗精替代。

如果紫砂壶本身属于老壶，那刚拿到后，在处理上更需要谨慎和小心。旧壶一般包括二手壶、老壶、旧壶、出土壶等。

出土壶的处理肯定是需要大清特清，老壶和旧壶也同样是如此，很多茗壶流传到百姓家中，根据一些地方的习俗，喝茶的时候不使用茶杯，而直接口含壶嘴饮茶，另外一些流落民间的老壶还用来盛装酱油、煤油等物，一些行为不轨的文物贩子还擅长使用墨汁、鞋油、盐酸等物质把紫砂壶做旧。因此哪怕那些二手壶来自于亲朋好友，在处理上也一样不能马虎。当使用茶壶的时候，始终冲泡一种茶，因为“好壶不事二茶”，就比如说平时泡普洱的壶突然改泡乌龙茶，茶汤肯定会不纯正，对品评也是有阻碍作用的。

秦汉

规格：300cc

材质：段泥

紫砂旧壶要想“洗心革面”，是不适合使用水煮法。多数的旧壶都带有龟裂的痕迹以及修补的暗伤，因此这种方法对旧壶属于“猛药”。一般情况下，处理这种旧壶都要先准备干净的锅，把已经温热过的旧壶放进去，慢慢注入热水并淹过壶身，然后再加入 10 毫升左右的漂白水，放置 1 小时后取出，再重复前面的刷拭法，最终壶的内外都会被洗刷干净，也可以还原壶的本来面目。使用这种方法时要注意：漂白水对人体有害，而且渗透力很强，需在事后充分冲洗，方宜泡茶。紫砂壶本身壶胎较薄、

中华魂

规格：700cc

材质：底槽清

至尊壶
规格：500cc
材质：红皮龙

外表非常细腻，不管是采用水煮法或刷拭法均不宜太粗鲁。

在使用上述办法对壶进行清理后，无论是新壶或旧壶都会显出本来的面目，在经历了主人的摩挲泡养后，还会显得更加美丽和温润。

除此之外，紫砂壶的具体使用细节还是有很多需要注意的地方：

一般说来饮茶的人都喜欢使用宜兴的紫砂壶，壶的容积多数是200~800毫升上下。泡茶的第一步，就是学会识别名茶、明白怎样鉴赏名茶，能够通过观察干茶的外形，闻干茶的香气，选好茶后，用茶抄抄起卷紧的茶叶，倒入紫砂壶里面，茶壶里面可以听到“嘀嘀……”的响声后再注入沸水，用壶盖轻轻刮掉壶口溢出的泡沫，把盖子盖上大概1~2

分钟，然后把壶里面的茶汤倒入放有茶滤斗的牛奶杯中（此杯在茶道中称公平杯），这个步骤叫“洗茶”；随后把奶杯中的茶分别倒进闻香杯和口杯中，之后将茶汤浇在壶身上，这一步叫“茶汤养壶”。最后开始泡茶，这一步需要一遍一遍地泡，一杯一杯地喝。刚刚沏好茶的壶，壶身都是热的，茶汤浇上去更容易蒸发，在此同时也更容易被壶体的表面吸收。新壶刚刚使用的时候，肯定会有一些土味，因为紫砂壶的体壁内包含着双重的气孔结构，这种结构能让紫砂壶透气但不渗水，而且对吸收茶汁同样有效，在去掉土味的同时，也留下了浓郁的茶香。使用较长时间的壶表面经常留下茶迹，这个时候用养壶毛笔或软毛牙刷在壶的表面进行刷洗，就可以保持清洁，这个程序也被叫作“茶汤养壶”。经过日擦、涤洗，壶的表面亚光渐起，愈用愈光亮，很多人把亚光称作“包浆”，这种亚

十二生肖大书扁

规格：600cc

材质：原矿拼紫泥

光即使使用高温和高压进行处理都去除不掉，这更能够凸显出壶的高雅品位。当然也有人为了让壶更快地变光亮，用油手、油布在壶身揩擦，这样出现的光泽，则属于“和尚光”，只要用清洁剂一洗，亮光随即褪去，露出一块一块的垢疤，最终还会影响壶的整体效果，《阳羡名陶录》云："而爱护垢染舒袖摩挲、惟恐拭去曰吾以宝其旧色尔，不知西子蒙不洁，堪充下陈”，所以千万不要把油污垢物沾到壶身上，一定要保持壶的洁净，这样才能养好壶。

如何“泡养”紫砂壶

对于那些刚刚接触紫砂的人来说，每当看到那些精美的紫砂藏品，心中便会疑惑重重：为什么同样是紫砂壶，有的收藏品通体光泽，而且温润敦厚，可是自己收藏的茶壶却是干枯晦暗、灰头土脸。难道是买到了假货或者次品？事实上，多数情况下都是因为这些初学者对于养壶不够精通。

紫砂壶烧成后，胎骨的火气很重，紫砂间的结构非常疏松，因此质地偏脆，在制作和烧制的时候很容易沾染烟垢等污染，因此外表自然不会出现光彩夺目的感觉，这必须通过“养”才能激发出紫砂内在的潜能，最终让紫砂壶露出高雅端庄、温和敦厚、赏心悦目、光彩照人的外观。具体说来，紫砂壶的泡养工作要如何做呢？

第一步，需要使用上面提到的水煮法，彻底清理干净新壶当中的土味和杂质，然后才能用来泡茶和使用。经过这一步处理的紫砂壶虽然可以用来泡茶，可是并不意味着已经养好了，这些工作对于“养壶”来说还远远不够，紫砂壶的泡养工作还需要经过一个非常漫长的时期，这些过程都是和泡茶饮茶结合在一起的。

在日常泡茶时，紫砂壶内倒入开水后，壶体温度会逐渐升高，这个时候适宜用沸水浇壶身的外壁，然后用湿毛巾，抑或是“茶巾”擦拭茶壶，不断重复这步操作，等壶温降下来后，就可以使用手摩挲，人的手掌上

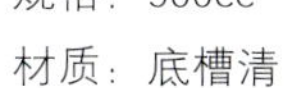

规格：500cc

材质：底槽清

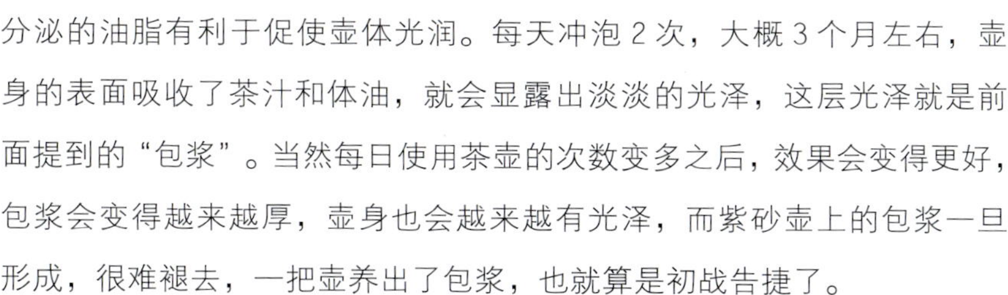

分泌的油脂有利于促使壶体光润。每天冲泡 2 次，大概 3 个月左右，壶身的表面吸收了茶汁和体油，就会显露出淡淡的光泽，这层光泽就是前面提到的“包浆”。当然每日使用茶壶的次数变多之后，效果会变得更好，包浆会变得越来越厚，壶身也会越来越有光泽，而紫砂壶上的包浆一旦形成，很难褪去，一把壶养出了包浆，也就算是初战告捷了。

紫砂壶的泡养当然无法回避茶叶和沏茶水的影响，多数情况下，养壶选用的最佳茶叶就是功夫茶，功夫茶是一种半发酵的茶，包含了绿茶的温和，以及红茶的醇厚，这样泡养出来的壶会更加温润和柔和，沏茶的推荐用水则为山泉水或矿泉水，这类水的矿物质充足，使用之后更容

提香

规格：150cc

材质：老段砂

易在壶面形成包浆，使紫砂壶通体更加光亮润滑。

经过冲泡的流程后，紫砂壶里面的茶叶残渣并不需要清理，相反可以滞留在壶中，这样茶壶还可以吸收茶叶的精华和水分，对于养壶的功效更为明显，一般茶叶滞留壶中的时间以两天为限，时间过长的话，壶中的茶叶很容易出现霉变，污染了紫砂壶，那就得不偿失了。

紫砂壶用过之后，需要立刻把茶壶擦拭干净，然后存放在空气流通的区域。而且要注意不能沾染油污之类的东西，因为那些物质会破坏壶表的“色浆”，还会使茶壶染上异味，无法泡茶使用。

紫砂壶的泡养最需要的就是耐心和细心，不能过于着急，因为想要泡养好一把紫砂壶，绝非一朝一夕能够完成。

传说紫砂壶具有灵性，能够和主人沟通交流。这个说法听上去很夸张，可是也有一定的道理，好的紫砂壶不能束之高阁，经常使用和把玩才是必须的。明朝人周高起曾说："壶经用久，涤拭日加，自发黯然之光，入手可鉴。"即使在不泡茶的时候，也可以把紫砂壶放在手里摩挲和把玩，温润的壶体和人的皮肤接触，肯定会有别样的感觉，品味紫砂壶的造型之美，也要明白制壶艺人们工艺水平的杰出之处，欣赏壶上的铭刻书画，在陶冶情趣的同时，也对紫砂壶完成了养护，最终会使你的爱壶更加让人动心。

四大美女壶

规格：850cc

材质：紫砂泥

掇球

规格：250cc

材质：极品沉香泥

桑扁

规格：380cc

材质：极品沉香泥

子冶石瓢

规格：220cc

材质：极品沉香泥

养壶的原则

对比开壶的时间，养壶需要的时间更加漫长，这就要有更好的耐心。宜兴的制壶工艺师董俊峰就曾经说过：“一定要在品茶的过程中养壶，而不是在养壶的过程中品茶。”养壶的过程很像养性的过程。相对而言，一把养好的壶，外观的特点也应该是黯然之色，光泽内敛，这种感觉类似君子，非常端庄，非常内敛。

行家都明白一个道理，养壶最为注重的就是泥料，如果制作的泥料够好，那养出来的壶肯定也很不错，反过来说，泥料不好，花再多的心血，

六六大顺

规格：280cc

材质：紫砂泥

壶依旧是那个样子，根本无法达到预期的效果。

在泥料本身不错的基础上，更需要关注的内容就是“养”。收藏者如果把刚刚买到的紫砂壶往陈列柜里一摆，或者往箱子里一装，然后不闻不问那便失去了“养”的机会。这种“藏”壶方法是最不可取的。对于新壶，只有用心养护之后，再进行存放才合理。

具体的“养”壶如何做呢？方法肯定是五花八门的，但有一些原则是相差无几的。具体说来包括以下几个方面：彻底将壶身内外洗净原则，切忌油污接触原则；用茶汁滋润壶表原则；适度擦刷原则；用毕清理晾干原则；让壶有休息的时间。

除此之外，养壶要注意的细节也包括以下几个方面：始终保证壶体

六方掇球

规格：280cc

材质：紫砂泥

东坡雅士提梁

规格：360cc

材质：底槽清

的清洁，尽量避免紫砂壶接触油污，并确保紫砂壶结构的通透；冲泡的过程则需要先用沸水浇壶身的外壁，然后再往壶里冲水，这些步骤叫作“润壶”；常用棉布擦拭壶身，不要将茶汤留在壶里，否则久而久之壶面上会堆满茶垢，影响紫砂壶的品相；紫砂壶的泡养一样要注意“休息”，通常需要晾干 3~5 天，让整个壶身（中间有气孔结构）彻底干燥。

养壶的方法有许多种，比如说：早上清洗茶壶和茶具，用壶中的茶渣擦洗壶体周围，这个行为一方面可以擦去壶身的茶垢和渣痕，另一方面经湿茶叶水擦一遍可以使壶体光润亮泽。

另外，养壶还有一种方法可用：将瓦片（江南黑土瓦）碾磨成很细的粉末，然后使用六层的纱布包扎成枇杷大小的布球，在茶汤浇在壶体的时候，使用布球轻轻抚磨壶体使壶体洁净光润。当然在现代，也可以采用精细的磨料粉末代替瓦片粉末制作成纱布球，使用后的效果相差无几。

还有一些收藏者把壶放在茶中煮，有人甚至研制了养壶机，这种机器虽然方便，但养壶的效果不如日积月累的茶汁浇洗的方法那么好。

宜兴紫砂壶只有经过很长时间的培养，壶身才可以变得浑圆脂润，方敦厚重，珠玑隐现，肌体丰满，珠光宝气，似玉洁莹，进而成为一种精致的藏品。

除了这些内容之外，宜兴紫砂壶的“泡养”还有一些需要注意的问题：

养壶在养外表之外，壶身和内壁同样也要一并调养。养壶的“内功”非常重要。

紫砂壶本身有特殊的双气孔结构，因此善于吸收茶汤，对于一把很长时间没有使用过的紫砂壶，哪怕不加茶叶，只倒入沸水亦能冲出淡淡的茶香。也因为这样，保证“不事二茶”，才能使茶壶冲泡出的茶汤保持应有的鲜度和纯度，如果多种茶混合在一起，那茶味必然很混沌，没有什么个性。

养壶的重要性

壶和茶要适合，要用茶来选择壶。哪怕是紫砂古壶和旧壶，也可以养出特点，名人名作更可以养出精神，对于别人感到难养的壶，才更可能养成好壶。如果不是紫砂名壶，甚至是一些泥质不好的壶，通过养壶还能把它鉴别出来，那些爱茶而且喜欢茶壶的朋友会使用适用的、实用的、时代的、科学的泡茶方法养壶，养好紫砂壶，需要把握茶和壶的质量，包括茶量以及壶的容积、水、水温、火候、时间等因素，综合这些因素我们能够得出规范的泡茶方法，并且让紫砂壶包含茶的色、香、味等多种韵味。我们通过自己的实践就能明白紫砂壶确实是世间最好的茶具，它的肌理之贵可与隋珠赵璧比美。玉不琢不成器，壶要养出精神。

用养壶的办法，同样可以养好紫砂盆、紫砂雕塑和所有的紫砂艺术

汉风石瓢

规格：260cc

材质：黑砂料

海之情

规格：260cc

材质：底槽清

祥龙

规格：260cc

材质：底槽清

一鸣惊人

规格：200cc

材质：底槽清

品类型，紫砂的艺术品有一种内敛的气质，入手可鉴，使用时间长了还会出现光泽。事实上，“玩物”一样可以“养志”，通过养紫砂壶，以及茶文化，我们可以得到更多的东西，从中能够陶冶我们的性情，感受到美的休闲，文化的享受，而且使人的精神世界得到进一步的升华。

茶叶对紫砂壶养护的影响

提到紫砂壶就得谈中国的茶叶，茶肯定是我国先民对世界文明的重大贡献之一。中国的茶品种非常多，仅仅分大类，就能够分出绿茶、红茶、白茶、黄茶、黑茶和功夫茶等类型。在宋朝和元朝之前，茶的饮用方式和今天有很大的不同，我们今天使用最多的“泡饮法”开始于宋元时期，直到明朝之后才盛行于世，并且沿用至今。“泡饮法”的出现，直接推动了制壶业的发展，宋朝之前的壶主要用来烧水和盛酒，“茶壶”这个概念是随着“泡饮法”的出现而产生的，现在人们日益推崇的紫砂壶，之所以能够出现并迅速发展，一个重要的原因便是中国人饮茶形式的改变。

专家评鉴

Redware

新壶在出厂、装运、展示过程中，常会附有一些泥砂、尘土、包装屑（尤其是花货），另外，有些茶壶里面仍存有白色的铝粉（此为隔离用的耐火物，入窑烧坯前先撒布于壶盖内沿，可避免壶盖与壶身烧结在一起而分不开），以上这些异物均应于使用前加以清除。新壶出窑后，未识茶味，火气、土气仍重，若不先行去除，将有碍茶汤的品评。上游从业者常会在初出炉的砂壶表面打上一层蜡油，以增加光泽，美化卖相。这层油性异物不但堵塞了壶表的气孔，更形成了一层膜，不接受茶水，如未去除，则养壶势必徒劳无功！

中国的茶具种类很多，而说到泡茶和饮茶方式，类型就更多了，茶具的选择可以依据个人喜好，另外还需要考虑所泡之茶和所用茶具的合理性，其中还包括科学的搭配方式。

紫砂壶拥有众多的优点和妙处，但是否所有的茶叶和所有的冲茶方法都适合紫砂壶呢？当然不是，即使是好壶，如果使用方法不当，同样很难泡出好茶，对于泡好茶的关键，除了良好的茶具之外，必须了解茶的茶性，依据茶性选择茶壶，这才可以做到相得益彰，最终造就“一加一大于二”的效果。通常来说，用茶壶泡茶，使用发酵茶或者是半发酵茶比较适宜，这里面就包括各种功夫茶、黑茶、红茶等，有一些茶在壶中泡后会使茶叶烂熟，比如说绿茶、白茶、黄茶、花茶之类的茶叶，久泡后会失去原有的芳香，这种情况即使是紫砂壶也不能避免，所以紫砂壶确实属于茶具中的珍品，但也并非万能的茶具，使用紫砂壶泡茶还是应该选用适合的茶叶品种。

菊八瓣

规格：450cc

材质：紫砂泥

后记

有人说人生就像一壶甘醇的清茶，初尝，并没有什么太明显的感受，可是细细品味之后，便能感觉到其中的奇妙，进而产生一种回味无穷的感觉。当时间积淀了许多往事和回忆之后，人生便犹如老酒一般让人沉醉。面对那些经历了良久时间却依旧不失光彩的紫砂器，朋友们是不是也跟我一样，感受到了这一壶“清茶”绵延不绝的幽远韵味呢?

收藏之于我们，可能是出于不同的目的，我们国家的饮茶传统源远流长，伴随茶文化的发展，一些其他的文化也随之繁荣起来，紫砂壶的使用、鉴赏和收藏便是一例。紫砂器以其优良的性能和美丽的外观赢得了一代又一代人们的喜爱，能够拥有一件优良的紫砂器，也成了历代文人墨客、达官贵人的共同愿望。时至今日，紫砂器的收藏热潮非但没有衰减，反而变得更加兴盛。为了帮助那些刚刚接触紫砂收藏的朋友们，编者特意编著了此书。

为了保证图书的质量，我们在编撰的过程中寻求了“奇林颐格”的经理——于潼先生的帮助，于先生在紫砂行业中工作多年，对紫砂器的制作、收藏和鉴赏都有深刻的理解。当我们前往天津市南开区拜访于先生时，于先生不但热情地带我们详细参观了店里的藏品，而且拿出相机帮我们拍摄了许多珍贵的图片，以供我们编著的时候使用。于潼先生有很高的国学修养，他跟我们交谈的时候，也说到了他对于紫砂器的一些看法，并且用“感悟人生当细品，德行天下但存真”概括了他对于紫砂器和人生的深刻见解。虽然和于先生交谈的时间并不太长，但是我们却通过于先生的详细介绍，进一步增加了对紫砂器的认识，这给我们编著本书提供了巨大的帮助。

紫砂器粗看之下可能仅仅是一件器物，但是那些热爱紫砂并热衷于收藏鉴赏紫砂器的朋友们会从中得到非比寻常的乐趣，我们很期待紫砂收藏的爱好者们能和我们进行进一步的交流!

总 策 划

王丙杰　贾振明

责任编辑

张建平　李晨曦

排版制作

腾飞文化

编 委 会（排序不分先后）

玮 珏　苏 易　杨明月

金 帛　夏 洋　田文山

张 婷　伊 记　冉静雅

责任校对

李新纯

版式设计

黄少伟

图片提供

于 潼

天津市古玩城奇林颐格